LES EX-LIBRIS

Tirage à 350 exemplaires, dont :

110 Papier vergé,
15 Papier Whatman,
12 Papier de Chine.

PARIS. — TYPOGRAPHIE MOTTEROZ, RUE DU DRAGON, 31.

A. POULET-MALASSIS

LES EX-LIBRIS FRANÇAIS

DEPUIS LEUR ORIGINE JUSQU'A NOS JOURS

NOUVELLE ÉDITION, REVUE, TRÈS-AUGMENTÉE

ET ORNÉE DE VINGT-QUATRE PLANCHES

PARIS

CHEZ P. ROUQUETTE, LIBRAIRE

85-87, PASSAGE CHOISEUL, 85-87

M DCCC LXXV

PRÉFACE

DE LA PREMIÈRE ÉDITION

« C'est la collection à la mode, » nous disait, ces jours derniers, un libraire du quai, à qui nous demandions des ex-libris.

« A la mode » est exagéré.

Nous citerions bien, en vérité, les noms d'une vingtaine de collectionneurs, après lesquels il faudrait s'arrêter. Noyau excellent qui grossira et fructifiera, certes, mais fort disproportionné avec le nombre de tirage de ces notes, qui s'adressent ainsi beaucoup moins aux curieux de l'heure présente qu'à ceux de demain, ou de l'an qui vient.

Quoi qu'il en soit, nous avons essayé de résumer ici nos observations sur les marques *intérieures* de bibliothèque, et sur leur usage en France depuis la fin du XVIe siècle, où elles commencent à se montrer, jusqu'à nos jours, où l'on peut dire qu'elles sont en discrédit. Au siècle dernier, elles ont eu leur grande vogue correspondant à un besoin général, en même temps que leur apogée artistique, suivi de l'inévitable retour que l'on sait.

Ce mince objet de curiosité, longtemps négligé, s'est enfin montré aux bibliophiles et aux iconophiles comme la dernière épave à sauver du naufrage du livre ancien. Cependant nous sommes le premier à en traiter à un point de vue d'ensemble, et les généralités sont même la partie la moins défectueuse de ce travail. Dans le détail, il laisse beaucoup à désirer, trop peut-être ; soyons le premier à le dire, comme à le constater.

Nous avons craint, nous devions craindre de nous aventurer dans diverses parties de notre tâche, sans l'appui d'un assez grand nombre de documents vus et étudiés. Par exemple — un seul suffira — il a fallu renoncer à l'idée de dresser la nomenclature des ex-libris du XVIIIe siècle suivant la condition sociale de leurs titulaires : ecclésiastiques, grands seigneurs, gens de robe, de finance, savants, littérateurs, artistes, etc., etc. On comprend tout de suite quel intérêt bibliographique, voire historique, de semblables listes eussent offert ; rien que leurs résultats statistiques seraient importants. Mais dans l'état actuel des collections, ces listes incomplètes eussent trop perdu de leur signification.

C'est besogne ajournée ; nous disons ajournée, et ne nous en dédirons pas. Il nous est facile de renoncer d'avance, et sans regret, à une seconde édition de cet opuscule, mais non pas à l'espérance d'un complément qui deviendrait surtout nécessaire si le libraire du quai, avec le coup d'œil sûr du marchand, a vu clair dans l'avenir de l'ex-libris. « C'est la collection à la mode » n'est pas une réalité ; mais sans doute une vue prophétique, à bref délai.

En attendant de contracter de nouvelles obligations envers les curieux, remercions ici ceux qui ont bien voulu nous assister de leurs communications : M. Assézat, du *Journal des Débats* ; M. Aglaüs Bouvenne, l'amateur le plus connu de Paris, dans ce genre (1) ; M. Bilco qui a rassemblé si vite une si curieuse série ; M. Claudin, le libraire érudit, et surtout M. Preux, qui, avec la plus parfaite bonne grâce, n'a pas hésité à nous adresser de Douai et à nous confier pendant quelques jours la fleur de sa riche collection.

20 Janvier 1874.

(1) Un article de M. Maurice Tourneux sur la collection d'ex-libris de M. Aglaüs Bouvenne a paru dans *l'Amateur d'autographes*, d'avril 1872.

AVERTISSEMENT

A LA SECONDE ÉDITION

Le libraire du quai était de l'ordre, peu considéré, des très-petits prophètes, mais il n'en prophétisait pas moins vrai.

Les collections d'ex-libris sont « à la mode » présentement; on peut le dire, et comme de tout nouveau genre de curiosité, on peut encore augurer de celui-ci qu'il fournira une carrière d'autant moins brève, qu'il apportera plus d'éléments variés d'instruction et d'intérêt.

Si l'on considère l'ardeur actuelle des recherches, il est à craindre que cette carrière soit assez tôt bornée. Une promenade du Pont-Saint-Michel au Pont-Royal suffit pour montrer que le livre ancien, le livre à ex-libris, figure à peine pour un tiers dans ce qui s'appelle le *bouquin,* et cette proportion doit décroître avec rapidité. A ce compte, les collectionneurs courent le risque de se rencontrer, d'ici peu de temps, d'autant plus nombreux qu'ils n'auront qu'à glaner.

Mais éloignons cette triste perspective, et collectionnons sans cesse, puisque les moments de collectionner semblent comptés.

Nous promettions seulement un Complément aux *Ex-libris français;* les circonstances favorables en ont autrement décidé. Voici bel et bien une seconde édition très-réelle. revue avec soin, et augmentée au point d'être doublée ; le cadre est resté le même, mais nous l'avons rempli en conscience, et peut-être même un peu bourré. De plus, nous avons cru indispensable de donner des planches à l'appui de nos observations et de nos conclusions; elles sont au nombre de vingt-quatre, la plupart fac-similées par un procédé excellent, bien que coûteux. Cet opuscule, tel quel, est sans doute moins indigne du succès de son premier tirage ; souhaitons que les amateurs bienveillants qui nous ont encouragé à le compléter partagent ce sentiment.

M. Ernest de Rozière, entre tous, a droit à notre gratitude. Sans la série de marques de bibliothèque mise par lui à notre disposition, la plus anciennement formée dans notre pays, et la plus riche en monuments du XVIIe siècle, il nous eût été bien difficile, sinon impossible, de reprendre à nouveau frais ce travail, de le remanier, de le préciser sur nombre de points. Les plus importantes des pièces reproduites en fac-simile sont empruntées à ce cabinet hors ligne : nous citerons surtout l'ex-libris de François de Malherbe.

MM. Bilco, Claudin, Preux, de qui les conseils et les communications nous avaient été précédemment utiles, ont bien voulu nous les continuer, avec un redoublement d'obligeance. Enfin, nous sommes assez heureux pour avoir intéressé à notre œuvre quelques artistes et gens de lettres éminents de notre temps, et c'est ainsi qu'on distinguera, entre les marques anciennes, des originaux d'ex-libris modernes signalés par les noms de leurs titulaires et de leurs signataires. Que MM. Edmond de Goncourt, Édouard Manet, Octave de Rochebrune, Aglaüs Bouvenne et Bracquemond nous permettent de les en remercier ici.

10 janvier 1875.

LES

EX-LIBRIS

FRANÇAIS

Pas un des dictionnaires de la langue française n'a admis le terme *ex-libris*, composé de deux mots latins qui signifient *des livres... faisant partie des livres.*

Il est pourtant consacré par l'usage et se dit de toute marque de propriété appliquée à l'extérieur ou à l'intérieur d'un volume.

Dans un sens plus restreint, il s'entend d'un motif d'art, blason, monogramme, allégorie, emblème, etc., gravé en relief ou en creux, et fixé sur les gardes ou sur le titre d'un livre, en signe de possession.

1

C'est de ce genre d'ex-libris et de ses diverses fortunes dans notre pays que nous voulons seulement parler ici.

XVIe SIÈCLE

L'emploi de l'ex-libris gravé est beaucoup moins ancien, en France, qu'on ne serait tenté de le supposer.

On connait un grand nombre d'ex-libris allemands et une certaine quantité d'ex-libris italiens du XVIe siècle ; il ne s'en rencontre pas de français.

L'ex-libris semble avoir pris naissance en Allemagne ; dès le commencement du siècle ce pays montre des marques de bibliothèques dessinées et gravées par des artistes en renom qui prenaient le soin de les signer et de les dater ; l'usage s'en généralisa.

Que l'Allemagne ait fait les premières applications, en tout genre, des divers arts d'imprimerie qu'elle venait d'inventer, rien là qui puisse surprendre ; il convient de considérer aussi que le mouvement de la Réforme, en multipliant chez elle les produits de la typographie, rendit nécessaire l'emploi de marques de propriété à l'intérieur des livres, et contribua à détourner leurs possesseurs de ce luxe de reliures et de marques extérieures par lequel se signalèrent, dans le même temps, certains bibliophiles d'Italie et de France, restés célèbres. L'Allemagne dès lors n'attacha qu'une importance secondaire à l'habillement du livre, le fond pour elle emporta la forme ; encore aujourd'hui, elle ignore, ou à peu près, les raffinements de la reliure et de la *condition*, et se montre résolûment

Dacquet

indifférente aux délicatesses bibliographiques qui préoccupent chez nous les curieux.

Quoi qu'il en soit, l'ex-libris nous est venu d'Allemagne, non pas de plein saut, mais par étapes dans les pays de l'est et du nord que la France devait se réunir. Ces étapes, non encore étudiées, sont mal connues. Nous en pouvons cependant citer un notable exemple dans l'ex-libris de Nicolas de Lescut, savant jurisconsulte lorrain, travail incontestablement allemand, que son titulaire put commander pendant qu'il représentait à la diète de Spire (1541) le duc de Lorraine Antoine dont il était secrétaire (1).

Dans la première édition de ce travail nous avons présenté, comme le plus ancien ex-libris français connu, une marque au nom de *Dacquet*, en faisant remarquer toutefois que par la forme de l'écu encadré dans un cartouche orné et par le caractère du monogramme qui la décore, elle restait une singularité, une exception dans la série des ex-libris authentiquement français. Le nom de son titulaire nous avait induit en erreur. Après un examen plus approfondi il nous paraît bien

(1) Nous devons la communication d'une copie de cette pièce intéressante à M. Charles de Rozières, de Nancy; on l'a supposée la marque d'une bibliothèque allemande, jusqu'à la découverte d'un exemplaire complet des légendes inscrites au-dessus et au-dessous des armes de Nicolas de Lescut, et que voici; au-dessus :

Domine, ut scuto bonæ voluntatis tuæ coronasti nos.

Au-dessous :

Scuto circundabit te veritas eius, non timebis à timore nocturno.

D. Nicolai de Lescut sacræ Cæsareæ aulæ Palatini V. I. Licentiati : à consiliis et secretis Illustrissimi Lotharingiæ etc. ducis.

Les initiales N. D. L. sont de plus reproduites au bas de l'écu.

que cette pièce relève de l'art flamand des dernières années du XVIe siècle. C'est dans les Flandres, sans doute, qu'il faudrait s'enquérir de Dacquet, artiste et peut-être peintre verrier. Quant à sa date (1574-1600), qui a été contestée et reportée au delà du règne de Henri IV, elle se trouve à nouveau certifiée par la découverte, récemment faite, d'un exemplaire collé du temps, sur la garde des *Œuvres de Philippes Des Portes*, Anvers, Arnould Coninx, 1596, in-12, qui confirme, à la fois, notre attribution d'origine, car ce produit des presses anversoises dut trouver sa vente dans le rayon du marché flamand.

En somme, on doit douter de l'existence d'un ex-libris gravé en creux ou en relief, antérieur à l'année 1600, qui puisse être dit français dans les limites géographiques de la France d'alors. C'est pourquoi nous en citerons un simplement typographique, composé en lettres mobiles : *Ex bibliothecâ Caroli Albosii E. Eduensis*, avec la devise : *Ex labore quies*, et la date 1574.

Réserve faite des signatures autographes de possesseurs de livres, dont nous n'avons pas à nous occuper ici, cet ex-libris d'un bibliophile d'Autun est la plus ancienne marque intérieure connue d'une bibliothèque française.

DE 1600 A 1650

Les ex-libris français sont encore assez rares durant cette période, pour que nous croyions devoir donner la liste de tous ceux que nous avons pu étudier, et la description de quelques-uns, surtout des anonymes. Nous résumerons, à la fin du chapitre, les observations qu'ils nous auront suggérées.

Ex-libris de Jean Bigot, sieur de Sommesnil et de Cleuville, doyen de la cour des Aides de Normandie. — Pour in-4, pour in-8 et pour in-12; tous trois anonymes : d'argent, au chevron de sable, accompagné de trois roses de gueules posées 2 et 1 ; le chevron chargé au sommet d'un croissant d'argent.

L'écu est irrégulièrement blasonné, et les heaumes, les cimiers, les lambrequins, les supports présentent un caractère si décidément archaïque dans ces trois pièces, que vues hors de série, elles sembleraient des premières années du XVIe siècle. Sans doute sont-elles des copies d'une peinture ou d'un dessin anciens?

Jean Bigot fit graver plus tard une suite d'autres ex-libris à son nom, *Iohannes Bigot*, dont nous avons l'in-4 sous les yeux; la désignation des émaux de l'écu par les initiales de leurs noms *a* (argent ou azur), *o* (or), *g* (gueules), *s* (sinople ou sable), *p* (pourpre), y supplée à l'irrégularité du blasonnement, comme on le voit dans l'Armorial de Claude Magneney, à la date de 1633. Le système de différencier les deux métaux et les cinq couleurs par des traits en sens divers et des points, se trouve établi, comme on sait, pour la première fois, dans les *Tesseræ gentilitiæ* du P. Silvestre Petra Santa, publié à Rome en 1638.

Jean Bigot fut le chef d'une famille de magistrats normands bibliophiles, dont Emeric, l'un de ses fils, est resté le plus célèbre.

Ex-libris d'Emeric Bigot. — Pour in-8 et deux pour in-12; mêmes armes que le précédent, excepté que le chevron est sans croissant, blasonnées régulièrement. Le nom du possesseur se lit au-dessous de l'écu : *L. E. Bigot;* les trois pièces sont signées d'un monogramme formé d'un B et d'un D enlacés.

Nous citons ces ex-libris à la suite de ceux de Jean Bigot, bien que peut-être postérieurs, mais de peu d'années, à 1650. Emeric Bigot était né en 1626. Il fut le grand bibliophile de son temps, le plus curieux, le mieux informé. Il avait tous les auteurs grecs et latins très-bien conditionnés, quantité de petits livres rares sur des matières singulières, et des pièces fugitives qu'on aurait eu peine à rencontrer ailleurs. Dans une lettre à Nicolas Heinsius, du 2 janvier 1659, Chapelain lui rend cette justice qu'il avait par-dessus Ménage, et par-dessus lui, « d'estre plus soigneux que l'un à entretenir bonne correspondance avec ses amis, et qu'il étoit mieux informé que l'autre de ce qui se passoit dans la République des lettres. »

Le *Menagiana* cite souvent Emeric Bigot; Bayle lui a consacré un article.

Pour empêcher la dispersion de sa bibliothèque estimée à 40,000 livres, il la substitua dans sa famille. A sa mort, elle fut confiée à Robert Bigot, sieur de Montville, conseiller au Parlement de Paris, avec un fonds considérable pour l'augmenter annuellement. Vigneul-Marville semble accuser de négligence ce successeur, qui eut aussi un ex-libris à son nom, et cite à son propos le proverbe : *Bene parta, indiligenter tutantur.*

Après le décès de Robert Bigot, tous les trésors littéraires amassés par cette famille furent acquis en bloc par les libraires, et se vendirent à Paris, le 1er juin 1706 et jours suivants, collége de Me Gervais, rue du Foin ; on en a le catalogue in-12 en cinq parties.

Ex-libris de Charles de Lorraine, évêque de Verdun (1592-1631). — Anonyme, pour in-8 : l'écu coupé de quatre royaumes soutenus de quatre duchés; sur le tout, d'or, à la bande de gueules, chargée de trois alérions d'argent, qui est de Lorraine; deux aigles supports. Pièce d'un beau caractère et d'un travail brillant.

Ex-libris de Melchior de la Vallée. — Melchior a Valle protonotarius insignis ecclæ. Sancti Georgi Naceis cantor et canonicus Henr. II. D. Lotharin. et Barri eleemosinarius. Cette inscription en douze lignes de capitales romaines d'inégale longueur, dans un cadre reposant sur un socle dont les extrémités font retour sur le devant, et supportent à gauche la Vierge tenant l'enfant Jésus, et à droite saint Nicolas, avec son attribut ordinaire des trois enfants dans le saloir. Au-dessus du cadre, deux anges soutiennent l'écu non blasonné de Melchior de la Vallée, sur lequel l'un d'eux pose le chapeau de protonotaire de la cour de Rome. La date 1611 au milieu du socle, et à chaque extrémité le monogramme du titulaire.

Cet ex-libris d'un dessin incorrect et d'une pointe mal habile, attribué d'abord à Jacques Callot, a été donné avec plus de vraisemblance à Jacques Bellange, par M. Beaupré, à qui nous en empruntons la description (1).

La pièce est des plus rares; on n'en connaît que deux épreuves.

Le duc de Lorraine Charles IV fit expier par le feu, à son titulaire, chantre et chanoine de la collégiale de Saint-Georges à Nancy, la faveur dont il avait joui sous le règne de son prédécesseur. Melchior de la Vallée, appliqué à la question ordinaire et extraordinaire, sous prétexte de sorcellerie, fut finalement supplicié.

Ex-libris de Chanlecy.— Marque anonyme d'un dignitaire ecclésiastique de cette famille bourguignonne, pour in-8 : au 1, d'or à une colonne d'azur semée de larmes d'argent, qui est de Chanlecy; au 2 (?); au 3, d'argent à trois bandes de gueules, qui est de Semur; au 4, d'or à trois écrevisses de gueules, qui est de Thiard.

Ex-libris de Claude Sarrau. — De sable, à trois serres ou pattes d'aigle d'or, 2 et 1; deux ex-libris anonymes, irrégulièrement blasonnés, l'un pour in-12, l'autre pour in-4, celui-ci signé de *Briot;* heaume et lambrequins, accolade de branches de laurier.

La correspondance de ce conseiller au Parlement de Paris, mort en 1651, avec les savants de son temps, a été publiée par son fils Isaac (1654, in-8, avec front. signé des initiales d'Abraham Bosse). Il était le fondé de

(1) *Journal de la Société d'archéologie lorraine.* Nancy, 1864, in-18.

Ex Libris ALEXANDRI
PETAVII *in Francorum*
Curia Conſiliarij. Pauli filij

pouvoir de Christine de Suède pour ses acquisitions bibliographiques.

Le Briot signataire de la plus grande des deux pièces, et qui sans doute aussi aurait pu mettre son nom à l'autre, est, à n'en pas douter, Isaac Briot, qui a gravé, d'après François Quesnel, la célèbre estampe représentant Henri IV, en habits royaux, sur un lit de parade, après sa mort. Il ne signa pas toujours son nom de baptême, et par exemple, le portrait de Malherbe, d'après Luc Vorsterman, n'a que son nom de famille tout court.

Ex-libris de Chaponay, prévôt des marchands de la ville de Lyon en 1627. — Anonyme, pour in-8 : d'azur à trois coqs d'or, crêtés et barbés de gueules, 2 et 1; avec la devise : *Gallo canente spes redit;* lions supportant l'écu sur un carrelage qui en reproduit les émaux, disposition ornementale très-riche, assez fréquente alors, notamment dans le recueil d'armoiries gravé par P. Mignot.

Pour in-4, aussi anonyme, même devise; les armes de Chaponay sur de nombreuses armes d'alliance, heaume avec un coq pour cimier, lambrequins, lions supportant le blason sur un carrelage émaillé aux pièces principales de tous les écus qui le composent; du plus bel effet décoratif. *Ioan. Picart incidit.*

Ex-libris d'Alexandre Petau. — Pour in-4 : *Ex libris Alexandri Petavii in Francorum curia consiliarii. Pauli filii;* devise : *Moribus antiquis.* L'écu, écartelé aux armes de la femme d'Alexandre Petau, pose sur un carrelage émaillé où se reproduisent en alternance les trois pièces des deux blasons : les roses, l'aigle issante, et la croix ; heaume, cimier, lambrequins ; deux griffons supports.

Paul Petau, conseiller au Parlement de Paris, mort en 1613, avait laissé à son fils une admirable bibliothèque. A la mort d'Alexandre, les manuscrits au nombre de plus de mille, français et latins, furent acquis par Christine de Suède qui les légua au Vatican. Les imprimés furent vendus à La Haye, en 1722, avec ceux de François Mansart, et les manuscrits du cabinet de Juste Lipse.

Ex-libris de Louis Brasdefer. — Pour in-folio, et pour in-8 ; le nom du titulaire sur l'un et l'autre ; écu heaumé, lambrequins, accolade de deux branches de laurier. Les émaux sont désignés par les initiales *g* (gueules) *a* (argent), comme nous l'avons déjà vu dans une des marques de Jean Bigot.

Ex-libris de Guillaume Grangier. — *Guillelmus Grangierius;* anagramme : *Largius e glumis nil urge;* devise : *Manet altera cælo,* avec ce commentaire mystique de la gerbe, pièce principale des armes :

Largius e glumis nil urge. *Hoc stemmata avita*
Hoc quoque fatali lege anagramma jubet.
Flava seges, cælo rutilentiaque astra sereno,
Horrea falici sat tua messe replent,
Lætior at multo est quæ te Manet altera cœlo,
Villice, si nomen stemmataque omen habent.

Faict à Nancy p. I. Valdor.

Jean Valdor, né à Liège, élève de Wierx, revenant

SVB ZODIACO VALES

d'Italie, s'arrêta à Nancy en 1630; on le trouve établi à Paris en 1642.

L'écu heaumé, avec une gerbe pour cimier, lambrequiné; le heaume et l'écu échancré sont de formes inusitées en France.

Ex-libris d'Auzoles, sieur de la Peyre, auteur de *la Sainte Chronologie* (1571-1642). — Anonyme pour in-4, *Picart fe.* : d'azur à trois épis de blé d'or, surmontés de trois besans de même; l'écu pendu au col d'un lion debout et courant qui vomit un fleuve, avec la devise : *Sub zodiaco vales.* Famille d'Auvergne.

Ex-libris de Brinon. — Anonyme, pour in-folio : d'azur au chevron d'or, au chef denché de même; heaume et lambrequins, lions supports. Famille normande.

Ex-libris de Pierre Sarragoz, jurisconsulte, l'un des co-gouverneurs de Besançon. — Anonyme pour in-4 : écu échancré, pallé d'or et de gueules de 9 pièces, au chef endenché d'argent, chargé d'un phénix de sinople sur un bûcher de gueules; heaume couronné, soleil pour cimier, lambrequins; sous un portique cintré où les statues de la Guerre et de la Renommée se dressent à droite et à gauche sur des piédestaux, et dont le centre présente, dans un médaillon, entre les vieilles armes de l'Empire germanique et le blason des empereurs de la maison d'Autriche, l'empereur Rodolphe II, en buste, tendant de la main droite une couronne, c'est-à-dire sans doute anoblissant les Sarragoz. *P. Deloysi sc.*

La famille Sarragoz, vraisemblablement originaire

d'Espagne, avait été anoblie en 1603 par l'empereur Rodolphe II. Pierre Sarragoz mourut le 14 octobre 1649, suivant son épitaphe à l'église Saint-Maurice de Besançon.

On ne connaît qu'un fort petit nombre d'estampes de Pierre Deloysi, dit *le vieux*, de Besançon, orfèvre et graveur des monnaies de sa ville natale.

Ex-libris de Regnouart. — Pour in-8 ; *De Regnouart*, avec la devise : *Age. Abstine. Sustine.* Écu heaumé et lambrequiné.

Ex-libris de Charreton. — Pour in-8 ; le nom se lit au bas de l'écu heaumé, lambrequiné ; pour cimier un léopard ; pour supports deux lévriers.

Ex-libris de Roquelaure. — Pour in-folio, anonyme, signé : *L. Tiphaigne* : d'azur, à trois rocs d'argent, qui est de Roquelaure ; écartelé d'or à deux vaches de gueules, accornées et clarinées d'azur, qui est de Béarn, et sur le tout d'azur, au lion d'or, armé et lampassé de gueules ; l'écu, sommé de la couronne ducale et posé sur le manteau d'hermines, est entouré des colliers des ordres de Saint-Michel et du Saint-Esprit.

Ex-libris de Chassebras. — Pour in-8 ; le nom sur une banderole qui se relie aux lambrequins.

Ex-libris de Boussac, en Limousin. — Pour in-8, anonyme : d'azur au sautoir dentelé d'or, cantonné de quatre croissants d'argent ; heaume et lambrequins.

Ex-libris d'Antoine de Lamare. — Pour in-8; *Ex libris Antonij de Lamare, D. de Cheneuarin;* devise sur une banderole dont un monogramme forme le centre : ν τουτω νιχη; écu heaumé, avec une licorne naissante pour cimier; lambrequins.

Cet ex-libris offre la particularité de donner, au-dessous de l'écu écartelé, la description imprimée typographiquement, du blason de Lamare, et de ceux des familles de Croisset et de Clercy, ses alliées. Il s'est rencontré sur la garde d'un livre portant la signature d'Antoine de Lamare, et la date de son acquisition, 1629.

Lamare, seigneur de Chenevarin, est d'une autre famille que le bibliophile dijonnais du même nom, cité par Le Gallois dans son *Traité des plus belles bibliothèques de l'Europe*, Paris, Michallet, 1680, in-12.

Ex-libris des frères Sainte-Marthe. — Pour in-8, anonyme : d'argent à la fasce fuselée de trois pièces et de deux demies de sable, au chef de même, avec la devise : *Patriæ fœlicia tempora nebunt;* heaume avec une aigle naissante éployée pour cimier, lambrequins, deux lions supports. *I. Picart sc.*

Ex-libris de Jean-Pierre de Montchal, seigneur de La Grange. — Anonyme, pour in-8 : de gueules au chef d'or chargé de trois molettes d'azur; heaume, lambrequins; pour cimier un sauvage issant tenant une lance couronnée de laurier, avec la devise : *Ie lay gaignee;* pour tenants deux sauvages armés de massues; l'écu posant sur un carrelage émaillé à ses pièces. Famille du Vivarais.

Dans son *Traité des plus belles bibliothèques de l'Europe* (1680) Le Gallois cite la bibliothèque de Montchal parmi celles « vendues ou dissipées dans ces derniers temps. »

Ex-libris de Nicolas-Thomas de Saint-André. — Anonyme et d'une apparence archaïque, pour in-folio, avec la devise : *Pietate fulcior.*

Ex-libris de Scott, marquis de la Mésangère, en Normandie. — Anonyme, pour in-folio : d'or au cerf couché de gueules, orné d'un collier d'azur chargé d'une étoile d'argent entre deux croissants d'or; heaume et lambrequins; pour cimier un cerf issant, pour supports deux lévriers. La main senestre de l'écu est la marque des cadets de famille en Angleterre.

Ex-libris de Garibal. — Pour in-8; le nom au bas de la pièce; famille du Languedoc.

Ex-libris de Berulle. — Pour in-8; le nom au bas de la pièce.

Ex-libris de Bovet. — Anonyme, pour in-8; d'azur au taureau passant d'or. Famille du Dauphiné.

Ex-libris de Bernard de Nogaret, duc d'Epernon. — Anonyme, pour in-folio : de gueules à la croix potencée d'argent qui est de La Vallette, coupé de Nogaret qui est d'argent au noyer de sinople, parti du premier à la croix vidée; sur le tout d'azur à la cloche d'argent bataillée de sable, qui est de Lagoursan-Bellegarde-Saint-Lary; l'écu entouré des ordres de Saint-Michel et du Saint-Esprit, posant sur un trophée, entre deux figures allégoriques. Très-belle pièce, sans doute d'un artiste italien.

Ex-libris de François de Varoquier. — Pour in-8 : *Messire François de Varoquier chevallier de l'ordre du Roy son cone^r et maistre d'hostel ord^re Tresorier de France G^nal des Finances et grand voier en la generalité de Paris.* Avec la devise : ***Recta ubique sic et cor***, allusionnelle à la main levée de l'écu.

Ex-libris de Le Féron. — Anonyme : de gueules au sautoir accompagné en chef et en pointe d'une molette à six branches, et à chaque flanc, d'une aiglette, le vol abaissé, le tout d'or; les pièces du blason se reproduisent sur le pavage émaillé; aigles pour supports et pour cimier.

Ex-libris de Le Puy du Fou. — Anonyme, pour in-folio, signé *I. Picart* : au 1 et 4, de gueules à trois macles d'argent; au 2 et 3, d'azur à une bande d'argent cottoyée de deux cotices potencées et contrepotencées d'or, de 13 pièces, qui est du comté de Champagne; heaume, couronne, cimier, lambrequins; pour supports, deux aigles couronnées tenant dans leur bec, ainsi que celle du cimier, une bannière aux armes de Le Puy du Fou.

Anonyme, pour in-8, aussi signé de *I. Picart* : même

blason, couronné, entre deux palmes croisées et liées. Famille du Poitou.

Ex-libris de Jean Bardin. — Pour in-4 et pour in-8 : *Ioannes Bardin presbyter.* Autour de l'écu la devise : *Hic ure, hic seca, modo parcas in æternum.*

Ex-libris de Lesquen. — Famille bretonne; pièce anonyme pour in-8 : d'or au palmier de sinople, avec la devise : VIN. CEN. TT.; heaume et lambrequins.

Ex-libris de François de Malherbe (1555-1628). — Anonyme, composé de ses armes, au-dessus de deux palmes croisées : « d'argent à six roses de gueules et des hermines de sable sans nombre, » ainsi qu'il les décrit dans son *Instruction* à son fils.

Superbe pièce qui emprunte un intérêt exceptionnel au nom de son titulaire, irrégulièrement blasonnée, sans doute gravée dans les premières années du siècle. M. Roux-Alpheran l'a signalée, entre autres, sur un volume in-4, *Traitez des droicts et libertez de l'Église gallicane,* Paris, 1609, avec la signature de Malherbe et la date de son acquisition : « Emit filio suo M. Antonio, Fr. Malherbe, parisiis 1619 (1). »

Le poëte a eu un plus petit ex-libris aussi composé de ses armes, avec un lion léopardé pour cimier. L'un et l'autre se sont toujours rencontrés collés au verso des titres des livres.

(1) *Recherches biographiques sur Malherbe et sur sa famille,* par M. Roux-Alpheran. Aix, Nicot et Aubin, 1840, in-8, avec planche de fac-similé.

Vincent de Boyer, seigneur d'Eguilles, conseiller au parlement d'Aix, fut l'héritier de Malherbe, et recueillit ses livres et papiers qui se conservèrent dans sa famille jusqu'à la Révolution; ils furent alors dispersés par suite de l'émigration de MM. d'Eguilles.

Ex-libris indéterminé, irrégulièrement blasonné, pour in-folio : trois têtes de loup arrachées, 2 et 1; loups supports, tête d'agneau pour cimier, lambrequins, avec la devise : *In manus tuas Domine sortes meæ*, et la signature : *I. de Courbes fecit.*

Ex-libris de Lamy. — Marque très-exceptionnelle, formée du portrait de ce curieux (1), gravé de face par quelque élève de Thomas de Leu, avec la devise :

(1) Les portraits ex-libris sont fort rares, et après ce Lamy, bibliophile ignoré, nous ne savons que le fameux abbé Desfontaines qui ait pris plaisir à se mirer dans son image, sur la garde de ses livres. Sans pouvoir douter de leur provenance, nous avons déjà rencontré une dizaine de volumes auxquels avait été ajoutée par une main intéressée la belle gravure de Schmit, d'après Tocqué, représentant *Petr. Fr. Guyot Desfontaines præsb. Rothomag.*, illustrée d'un distique où il n'est pas épargné, ou ne s'est pas épargné :

Dum te Phœbus amat scribentem, Mævius odit,
Et lepidis salibus mæret inepta cohors.

Ce qu'on traduisit, ou qu'il traduisit par :

Chéri du dieu des arts, craint et haï des sots,
L'Ignorance en courroux frémit de ses bons mots.

Un petit nombre de bibliophiles de ce temps-ci se sont fait représenter au milieu de leurs livres, accessoire assez important pour couvrir le risque de la portraiture. N'oublions pas que le comédien Grassot avait pour ex-libris sa charge, gravée sur pierre par le chanteur Gozora qui l'a signée du rébus *Gozo* et un rat. Elle est reproduite, en réduction, sur le titre du catalogue de ses livres vendus en mars 1860.

Usque ad aras, et les mots : *Amy Lamy*, commentés d'une façon flatteuse dans les vers suivants :

Desine mirari vultus dum cernis amicos,
Quem pictura refert verus amicus hic est.
Verus amicus hic est, ut re, sic nomine dictus.
Talem, si rogitas, experiere virum.
Ast etiam si non rogitas, tuus ecce manebit,
Qui sibi non natus jam suus esse nequit.

Avec huit pièces anonymes indéterminées, dont la description n'ajouterait rien à la nomenclature précédente, et trois armoiries dans l'œuvre de Léonard Gaultier, au Cabinet des estampes, qui peuvent être des ex-libris (l'une de 1611, avec la signature du maître, serait le premier français gravé, avec date), nous en récapitulons cinquante-cinq de 1600 à 1650. Dans trois mille pièces que nous avions pu voir pour la première édition de ce travail, nous en comptions vingt-huit, moins de une pour cent. Aujourd'hui que six mille au moins nous ont passé sous les yeux, la proportion reste la même, et selon toute probabilité, ne saurait guère varier.

Si l'on élimine de cette suite les ex-libris lorrains et franc-comtois de Melchior de la Vallée, de Guillaume Grangier et de Pierre Sarragoz, composés sous des influences étrangères ; celui de Nogaret d'Epernon, d'un maître italien, et le portrait de Lamy, pure singularité, on verra que toutes les marques de bibliothèques françaises, dans les limites géographiques de la France de 1600 à 1650, sont essentiellement héraldiques, composées de blasons et de leurs ornements extérieurs : accolades de lauriers ou de palmes, heaumes, cimiers, lambrequins, supports; les supports, en général, tiennent les blasons sur un terrain renflé des deux côtés, au centre duquel s'insère la pointe de l'écu, et plus rarement sur un pavage émaillé à leurs pièces, décoration très-riche dont on ne retrouverait plus d'exemple passé 1650. Les métaux et les couleurs, d'abord blasonnés sans régularité, sont ensuite désignés sur les armoiries par les initiales de leurs noms, et enfin indiqués suivant un système qui depuis n'a pas varié, mais aussi n'a pas toujours été suivi.

Onze de nos cinquante-cinq ex-libris sont signés de noms d'artistes ou de monogrammes; un peu plus de la moitié portent les noms de leurs possesseurs, sans énumération de titres ni de qualités, un excepté; deux seulement ont la formule *Ex libris* indiquant leur destination (1); aucun n'est daté.

Leur époque se détermine aisément, malgré l'absence de dates, par l'usage de l'écu dit en accolade, du heaume et des lambrequins à amples rinceaux descendant des deux côtés de l'écu, quelquefois l'enveloppant tout entier, et surtout par le métier serré et brillant des graveurs, élèves ou imitateurs de Léonard Gaultier et de Thomas de Leu. A peine quelques pièces, sans doute gravées en province, se réfèrent par leur travail naïf à des modèles anciens.

(1) Elle se trouve moins ancienne que celle *Ex bibliothecâ* relevée sur la marque typographique d'Alboise, d'Autun, à la date de 1574 (V. p. 4). Les formules de possession bibliographique ne deviennent fréquentes que vers 1700, et voici, à peu près par ordre de dates, toutes celles que nous avons pu relever, latines et françaises :

Ex bibliothecâ... Ex libris... Ex catalogo bibliothecæ... Ex musæo... Insigne librorum... Bibliothèque de... Du cabinet de... Je suis à M... J'appartiens à...

Les ex-libris français des règnes de Henri IV et de Louis XIII sont des incunables dans leur genre, dignes d'être recherchés pour leur belle tournure héraldique, leur caractère artistique et leur rareté. Ils n'ont pas été nombreux dans le temps, et les bibliothèques où ils figuraient se sont dispersées, pour la plupart, depuis près de deux siècles ; surtout la mise au pilon, dans d'effrayantes proportions, des in-folio et des in-quarto, a été pour eux une cause permanente de destruction. Faisons remarquer que, parmi les pièces énumérées, sept, sans plus, sont franchement pour in-folio, et au moins est-il probable que les titulaires d'ex-libris des moindres formats en avaient aussi pour leurs volumes du plus grand. L'in-folio a été le format par excellence pour les premiers hommes à livres, pour les races érudites : il composait la base précieuse et coûteuse de leurs bibliothèques, c'est celui pour lequel ils ont dû le plus se mettre en frais de marques de possession.

Pierre d'Hozier avait eu l'idée de donner un *Recueil des noms, surnoms, qualitez, armes et blasons de tous les curieux et amateurs des armoiries, genealogies et histoires, vivans en cet an 1631*. Il ne l'a pas publié, mais son exemplaire au moins existe, avec un titre et de nombreuses notes autographes de sa main, et une dédicace imprimée au marquis de Gesvres (1). Ce précieux recueil se compose de cent vingt-cinq armoiries, gravées par Magneney et J. Picart. C'est la fleur des érudits et des amateurs du temps, possesseurs de bibliothèques, titulaires possibles d'ex-libris. Eh bien ! dans ces cent vingt-cinq

(1) Petit in-4, dans la belle bibliothèque héraldique de M. Ernest de Rozière.

1650.
ANDRE FELIBIEN ESCUIER SIEUR
DES AVAUX SEIGNEUR DE IAVERCY &
HISTORIOGRAPHE DV ROY.

curieux nous n'en avons compté que cinq dont les marques de bibliothèque soient aujourd'hui connues, en partie ; ce sont : Le Puy du Fou, Montchal, Auzoles de la Peyre, Jean Bigot, les frères Sainte-Marthe. D'autres encore parmi eux en ont eu, on peut l'affirmer ; mais où les retrouver ? et les retrouvera-t-on jamais ?

DE 1650 A 1700

L'un des ex-libris d'*André Félibien escuier sieur des Avaux seigneur de Iavercy etc. historiographe du Roy*, avec la date 1650, particularité notable, peut être cité comme pièce de transition. Il est gravé dans la manière grasse et colorée de l'école d'Abraham Bosse ; l'écu en accolade, écartelé, s'y montre timbré du heaume, mais avec un lambrequin rétréci, et les deux licornes gardiennes posent sur un socle qui se variera en piédouche, en cul-de-lampe, en accolade arabesque, et deviendra caractéristique de cette période, où l'usage primitif et rustique de poser les supports sur un terrain herbu, renflé des deux côtés, se perd peu à peu.

Les ex-libris ne sont pas encore nombreux, et offrent surtout, comme curiosité, les variations de la mode héraldique. Les lambrequins perdent leur caractère somptueux, le heaume disparait pour faire place aux couronnes qu'on usurpe, dit un contemporain, « sans qu'elles soient dues à la naissance ni aux titres des terres, » l'écu quitte la forme en accolade pour l'ovale, et s'encadre dans un cartouche ; il continue à se montrer bien de face, et avec ses supports ou ses tenants, présente un ensemble marqué de parallélisme et de régularité. Ces changements sont l'œuvre du temps ; les armoiries conformes à celles de la précédente époque, mais, à la vérité, d'un travail sommaire et lâché, tiennent bon, et trouvent dans l'*Armorial universel* de Segoing, à la date de 1679, leur dernière expression collective. Mais à partir de l'année suivante l'ensemble dont la marque de la bibliothèque de Félibien se trouve être le prototype, l'emporte décidément.

Nous signalerons, entre 1650 et 1700, quelques ex-libris remarquables par les noms de leurs titulaires, par ceux des artistes qui les ont signés, ou intéressants par leurs dates :

Quatre ex-libris pour les quatre formats, aux armes, aux noms et qualités et à la devise de Nicolas Martigny, de Marsal, par Sébastien Le Clerc, tous quatre signés, l'in-folio et l'in-quarto datés de 1655 et de 1660, gravés à Metz par cet artiste, avant son départ pour Paris.

Aux années 1655, 1660, 1666 et 1701, Jombert, dans son *Catalogue raisonné de l'œuvre de S. Le Clerc* (Paris, 1774, 2 vol. in-8), mentionne, sous le nom d'*armes*, sept autres marques de bibliothèques de ce graveur célèbre, anonymes ou avec les noms de leurs possesseurs, signées les unes et les autres ; en tout, onze pièces.

Ex-libris de Guillaume Tronson, avec la devise : *Virtuti non divitiis*, signé *A. B. Flamen ;* pour in-4, gravé en perfection pour le protecteur auquel l'artiste a dédié les « Paisages dessignees apres le naturel aux environs de Paris. »

Ex bibliot. Hadriani de Valois dom. de La Mare consiliarii et historiogr. regii. Devise : *Seu calamo, sive ense.*

Ex-libris anonyme pour in-fol. de Jérôme Bignon II, grand maître de la Bibliothèque du Roi : d'azur à la croix d'or coupée d'argent, accolée d'un cep de vigne de sinople chargé de trois grappes de raisin d'or, et cantonnée de quatre flammes d'argent ; heaume, lambrequins, pour cimier un ange issant, pour tenants deux anges portant des palmes.

Superbe pièce sans nom de graveur, qui semble de François Chauveau. On trouve dans son œuvre, au Cabinet des estampes, une marque de bibliothèque pour in-8, qu'il n'a pas non plus signée : *Clerget*, avec la devise : *Inania pello.*

Le jurisconsulte bourguignon Charles Fevret : *Carolus Fevretus ;* devise : *Conscientia virtuti satis amplum theatrum est.*

*Leonor Le François esc*r *s*r *de Rigawille*, avec la devise : *Meliora sequentr*, et la date 1673.

Ex-libris anonyme, pour in-4, de Charles-Maurice Le Tellier, archevêque de Reims : d'azur, à trois lézards d'argent posés en pal, au chef cousu de gueules, chargé de trois étoiles d'or ; signé : *I. Blocquet, 1672.*

On a le Catalogue de la bibliothèque de ce prélat, rédigé par Nicolas Clément (Paris, Imp. royale, 1693, in-fol.).

Louis François du Bouchet marquis de Souches conseiller d'Estat prevost de l'Hostel et Grand Prevost de France ; pour in-4, signé : *Mavelot, graveur de Mademoiselle.*

B. Bteq de Mgr Pellot Per Presnt du Parlnt de Normandie. Pièce signée, à gauche, des deux initiales I. T. ; sans doute Jean Toustain, graveur normand.

Le premier président Pellot (1670-1686) avait une bibliothèque considérable, composée en partie de livres italiens et espagnols.

Guyet de la Sourdière. Légende : au premier quartier de Le Roy qui porte parti de Sanguin, au second de Chassebras qui porte parti de Melun, au troisiesme de Gallard, au quatriesme de Fougeu des Currées, et sur le tout de Guyet de la Sourdière.

Nous avons déjà vu, dans le précédent chapitre, un exemple de ces énumérations d'alliances ; ils ne sont pas communs.

Ex-libris anonyme de Rostaing, pour in-folio, signé de *P. Nolin :* d'azur à la fasce haussée d'or, accompagnée en pointe d'une roue de même, sur des blasons d'alliances ; tenants, deux sauvages ; colliers de Saint-Michel et du Saint-Esprit ; monogrammes couronnés aux quatre angles.

Pièce exactement reproduite dans l'Armorial de Segoing, gravé par P. Nolin, avec cette souscription : « Armes d'alliances de Messire Charles marquis et comte de Rostaing, grauées par son tres humble seruiteur

Pierre Nolin, 1650. » La planche de l'Armorial nous donne la date d'exécution de l'ex-libris.

Mre Simon Chauuel chevalier seigneur de la Pigeonniere conseiller du Roy en son conseil destat et priue president et lieutenant general à Blois Maistre des Requestes aurdinaires de Monseigneur frère unique du Roy; pour in-4, signé : *P. Nolin.*

Ex-libris aussi reproduit, avec la légende abrégée, dans l'Armorial de Segoing. Cette constatation et la précédente nous ont fait regarder de près à ce recueil héraldique, où de compte fait, se rencontrent plus de soixante planches d'ex-libris copiés par Nolin d'après lui-même, ou d'originaux dont il avait eu communication dans sa clientèle ou chez ses confrères. Nous citerons comme marques de bibliothèques formelles et indéniables, les diverses armes signées de Jacque Picar (nº 161) et de Ladame (nºs 139, 140, 141, 142); parmi ces pièces empruntées, il s'en trouve deux, celles des Gougnon et des Ragueau, qui, survenues après le numérotage des cuivres, sont restées sans numéros.

Denis Godefroy, fils de Théodore, l'historien, petit-fils de Denis, le jurisconsulte, mort en 1681; son nom au-dessous de ses armes sur des marques pour in-8 et in-12.

Ex-libris anonyme aux armes de Potier de Novion, signé de *Trudon;* seule marque connue au nom de cet artiste qui a gravé toutes les planches de son *Nouveau traité de la science pratique du blason*, 1689, in-12.

Ex-libris anonyme de Jules-Hardouin Mansart, surintendant et ordonnateur des bâtiments de Louis XIV : d'azur, à la colonne d'argent, la base, le chapiteau et le piédestal d'or, surmontée d'un soleil du même ; ladite colonne accostée de deux aigles d'or, affrontées et fixant le soleil, signée *Montulay Lenée*.

Ex-libris divers aux noms de *Jean-Nicolas de Tralage*, neveu du lieutenant de police La Reynie, grand curieux qui fit don de toutes ses collections à l'abbaye de Saint-Victor, en 1698.

En feuilletant les collections, on ne voit pas que l'usage de la marque gravée, collée sur la garde du livre, se fût généralisé de 1650 à 1700. Beaucoup de savants y résistaient et conservaient leurs préférences pour la marque de possession frappée sur les plats, antérieure, et en quelque sorte nationale. Tels furent, entre autres, deux des plus grands bibliophiles du siècle, Gilles Ménage et Huet, l'évêque d'Avranches, et s'il se rencontre des livres de leurs cabinets avec une marque intérieure supplémentaire, c'est l'ex-libris de gratitude ajouté, après 1692, par les Jésuites de la maison professe de Paris, à qui l'un et l'autre avait légué sa bibliothèque. Les Pères firent bien les choses : l'ex-libris in-folio aux armes de Huet est une superbe pièce, sans parler des trois autres ; le légataire était vivant, et le legs de grande valeur : 8312 volumes, plus les manuscrits. Ils semblent s'être mis en moindres frais pour Ménage, défunt, et qui laissait à peine 2000 volumes, bien que sa bibliothèque

Ex Libris quos Domui Professæ Parisiensi
Soc. Iesu testamento reliquit vir
D. ÆGIDIVS MENAGIVS
Patritius Andegavensis, vir
tos Eruditissimus Anno 1692.

fût grossie de celle de son ami Guyet, savant en grande réputation alors, à peine connu de nos jours par une épigramme de Maynard. Mais c'est déjà beaucoup.

DE 1700 A 1789

La vogue des ex-libris se détermine durant la grande querelle des Anciens et des Modernes; ils se multiplient avec les bibliothèques composées surtout de livres en langue vulgaire, qui témoignent de la prédominance décidée, sinon de la prééminence, des lettres françaises sur les lettres grecques et latines. Leur nombre va toujours croissant dans le siècle, comme celui des lecteurs, des savants, des littérateurs et des collectionneurs. Avant 1789, la France, suivant l'observation de l'Anglais Arthur Young, était la nation où les esprits ornés et cultivés se trouvaient en plus grand nombre, — autant dire qu'elle était un pays à ex-libris.

Mais à cause de la superstition de la naissance persistant et s'irritant dans ce temps de philosophie, l'ex-libris reste héraldique, plus héraldique que jamais, et même le blason y montre d'incroyables visées. « Les gens d'esprit et les gens riches trouvaient la noblesse insupportable, et la plupart la trouvaient si insupportable, qu'ils finissaient par l'acheter. » Cette observation de Rivarol explique la manie nobiliaire d'alors, et l'audace de ses manifestations, servie et poussée à l'extrême par la plus étonnante génération de vignettistes décorateurs.

Nous avons vu les gens de bonne race et de dignité sénatoriale se contenter, pour l'ornement de leurs écus, de lambrequins et d'animaux du bestiaire héraldique ; les contemporains de Voltaire et des Encyclopédistes sont moins modestes : ils font adopter les leurs par les dieux, les lancent dans l'empyrée, les guindent parmi les astres et les constellations.

Sur l'ex-libris du président Henault (dessiné par Boucher et gravé par le comte de Caylus), Minerve, ayant rejeté son égide, a pris pour bouclier l'écu de ce membre de l'Académie française : de sable, au cerf d'or, accompagné d'une étoile de même. L'abbé de Gricourt manifeste par le sien que notre globe terraqué est indigne de ses armes : un essaim d'anges les enlève au ciel, leur vraie patrie, en chantant hosanna (1) !

Le personnel de l'Olympe, les nuées, les puissances, les foudres, les chérubins, les gloires, les arcs-en-ciel, les soleils, jouent, dans ces vignettes, en faveur des armoiries, des rôles de féerie. La palme de l'ex-libris hyperterrestre et sidéral reviendrait sans doute à la marque anonyme de la bibliothèque de M. de Montaynard, dessinée par Eisen, génie excessif, et gravée par Lemire : le blason de ce seigneur, avec ses lions gardiens, son casque, son épée, les lauriers dont il est né couvert, monte au ciel sur une nuée qu'illumine un soleil allumé pour la circonstance ; la couronne *ducale* plane au-dessus et le devance, afin que la troupe immor-

(1) Cette marque, à la date de 1750, signée *A. T. Cys*, est l'œuvre d'un frère de l'abbé de Gricourt, Adrien Théry d'Inghem, chanoine régulier de l'abbaye de Cisoing. Voir sur cette famille douaisienne des Théry de Gricourt, artistes et amateurs, une intéressante notice signée A. P. (Preux), dans la *France wallonne* de mai 1866.

LE P^DENT HENAULT DE L'ACADEMIE FRANÇOISE

telle puisse d'abord s'écrier en chœur : C'est un duc! il arrive (1)!

Ceux-ci sont qualifiés, titrés, et nobles nouveaux, au moins. La fureur de l'égalité, sinon dans la noblesse, dans les signes de la qualité, en attendant mieux, est endémique parmi les gens de charges municipales et de professions libérales, et fait éruption en rébus étourdissants, mais blasonnés. Du blason, qui ne s'en donnerait encore plus que du galon! Et les armes dites parlantes sont là pour accentuer à outrance et graver au plus profond des mémoires les noms destinés à la gloire :

Ailly! Mailly! Créquy!
Tels noms, telles armes, tels cris!

M. Harlé, bon bourgeois, qui a les goûts d'un honnête homme, la bâtisse, la musique, la lecture, adosse son blason, d'azur, à la *hart* et à la *laie* d'or, à une pyramide entourée de violons et de livres, dans une perspective de jardin à terrasses. J. N. Arrachart, chirurgien, non pas dentiste, se blasonne de sinople au chevron d'argent escaladé de deux *rats* de sable, sinon de cave, avec le *char* de même, traîné par un cheval marin (?). Deux *crocodiles* s'entremangent sous les armes d'Odile, composées d'un troupeau de ces sau-

(1) Le motif de cet ex-libris supercoquentieux, comme on eût dit en 1832, a été employé pour la marque anonyme de M. de Noyel, sans noms de dessinateur ni de graveur. On usait sans façon des compositions d'artistes célèbres, comme de vulgaires passe-partout. Le bel ex-libris dessiné en 1701 par Sébastien Le Clerc, et gravé par C. Duflos, pour Geoffroy, ancien grand'garde du corps des apothicaires de Paris, se retrouve copié pour Véronneau, de Blois, par P. Picaut, graveur blaisois. Nous verrons plus loin Jacques-Henry Tribourdet s'emparer de la marque de bibliothèque des Thiroux d'Arconville et de Gervilliers, dessinée par Gravelot, et y substituer son blason.

riens, et une devise, à faire rêver Cyrano de Bergerac, commente cet ensemble aimable : *Terrâ metuendus et undis*. Sur la terre et dans l'onde animal redoutable! Quels êtres, cet Odile et ces crocodiles! C'est effrayant, mais risible, et aussi sérieux. Pourtant, entre ces rébus prétentieux, il s'en rencontre de naïfs, venus tout seuls, composés en toute innocence et simplicité. On peut prendre pour tel le blason de François Dezoteux : trois hotteux ou porteurs de hottes, 2 et 1.

Dans ce carnaval des armoiries, où la calembredaine se mêle à l'apothéose, rien ne se tient à sa place, tout se dérange et affecte les attitudes le moins convenantes, le plus équivoques. On voit des blasons sur des balcons, au haut d'escaliers, formant pavillon, glissant de côté, relevés par leurs tenants qui suent à la peine, lâchés par l'un d'eux qui se sent fatigué, écrasant leur gardien. Supports, tenants et gardiens en prennent aussi bien à leur aise avec leurs fonctions naguère sérieuses : ils flânent, baguenaudent, baient aux corneilles, jouent à cache-cache, se prennent dans les volutes des cartouches, et quelques-uns, d'ennui, semblent s'appliquer à épeler les hiéroglyphes des écus, sans plus se soucier des importuns ni des malveillants. Les griffons supports des armes de M. de Gourgue les écaillent à coups de bec; le lion gardien du célèbre chevalier Folard, ô prodige! porte le blason de son maître en équilibre sur l'épine dorsale.

Un certain nombre de pièces armoriées, dans la foule, se montrent régulièrement composées, d'éléments disparates, il est vrai, et bien que contournées dans la forme, et attifées de palmes, de festons, de guirlandes.

de rinceaux, de coraux, d'ailes de chauve-souris, etc., se tiennent sérieuses et droites, à la bonne vieille mode. Ce n'est pas elles qui sollicitent les regards; l'œil débauché court et s'attache aux vignettes où l'ornementation se montre le plus capricieuse et le plus folle. Celles-ci sont bien du siècle; les autres y semblent attardées.

La plupart des ex-libris portent les noms de leurs possesseurs; beaucoup sont signés; trois sur cent ont des dates.

Notons-en d'allégoriques, comme celui dessiné et gravé par Le Mire, de J.-B. Descamps, l'auteur de la *Vie des peintres hollandais* : la Peinture, auréolée, assise sur les nuées, esquisse un tableau; ou celui du libraire Prosper Marchand, dessiné par Bernard Picart : un phénix qui renaît de ses cendres, entre deux cornes d'abondance, d'où roulent des volumes, avec la devise allusionnelle : *Sic vitam post funera reddunt*. Et d'autres formés de monogrammes modestes, mais fort agrémentés; telle la marque, genre rococo, de Gabriel Fulchiron, ou celle de M. Lemoine, avocat et instituteur de la jeune noblesse, sur un écu ovale entouré de palmes et de guirlandes, et timbré d'une couronne de roses, avec ces mots emphatiques : *Les lettres nourrissent l'âme*. Mais ils sont en petit nombre; on les compte. Encore plus rares sont les marques de bibliothèque anecdotiques, rappelant une circonstance ou révélant un détail de la vie de leurs titulaires; on peut citer pourtant Mouffle de Champigny et M. de Varville, qui ont donné dans leurs ex-libris des vues de leurs demeures préférées; Félix Chevalier, l'historien de Poligny, qui a montré dans le sien une perspective de sa ville natale; Chavagnac d'Amandine et le marquis de Grasse Briançon, qui ont fait représenter, sur les socles où posent leurs armes, des actions navales où ils s'étaient distingués.

Les trois styles d'ornementation du XVIIIe siècle, Régence, rocaille, Vien, ou Louis XVI, sont amplement représentés dans le petit art de l'ex-libris par de charmants spécimens; une foule de graveurs et de dessinateurs héraldiques, des plus habiles, bien que restés obscurs, en ont su épuiser autour des blasons les formes et les combinaisons diverses. Assez longue en serait la liste; en tête se verraient les noms de Scotin, Gamot, Roy, Ingram, Faugrand, les Collin de Nancy (1), de la Gardette, Ollivault, etc., etc.

Les meilleurs et les plus renommés artistes du temps se sont mis de la partie, et comme gens pour qui leur métier n'avait rien d'indigne et qui ne pût être relevé par la grâce et la façon, Cochin, Gravelot, Pierre, Saint-Aubin, Choffard, Marillier, Moreau le jeune, Gaucher, de même qu'ils ont dessiné et gravé des encadrements, des invitations de bal, des adresses de commerçants, des étiquettes de pommade, des entourages de lettres de mariage, etc., ont tracé sur le papier ou sur le cuivre des ex-libris d'une fantaisie et d'un agrément infinis. Boucher lui-même a condescendu à la marque de bibliothèque; en s'en cachant, il est vrai,

(1) *Les Mémoires de la Société d'archéologie lorraine*, année 1861, ont donné une notice de M. Beaupré sur Dominique Colin et sur son fils, Yves-Dominique. On trouve dans le même recueil, année 1867, *un travail du même érudit sur d'autres graveurs nancéens d'ex-libris :* les Nicole père et fils, Durig et Traiteur.

DE LA BIBLIOTHEQUE
DE Mr. de JOUBERT
TRESORIER DES ETATS DE LANGUEDOC

Ex Libr. Ser. Principis Cenomani Ducis
Biblioth. Coll. Aug. fundatoris an. 172

mais sans pouvoir dissimuler sa griffe; un seul des trois ex-libris connus qu'il ait dessinés, est signé de son nom, le premier en date, sans doute, après lequel il eut à subir trop d'importunités. Dans un chapitre spécial, nous donnons la liste des pièces dues à ce maître, suivie de celles des ex-libris échappés à la facilité des petits maîtres à sa suite.

En faisant reproduire onze pièces de 1700 à 1789, nous n'avons pas cru trop demander au XVIIIe siècle; la plupart sont disséminées dans ce travail, mais cinq trouvent leur place ici :

Ex-libris de Jacques-Benigne Bossuet, évêque de Troyes, neveu du grand évêque de Meaux, qui hérita de la bibliothèque de son oncle; anonyme : d'azur à trois roues d'or. Le premier nom des Bossuet était Rouyer. Belle pièce où des livres, des lauriers et des palmes se mêlent aux insignes épiscopaux; sans doute gravée avant 1720.

Ex-libris de la bibliothèque du collége d'Eu, fondée par le duc du Maine, en 1729. Les armes du fondateur sur un piédestal avec bas-relief, entourées d'attributs militaires; marque dans la tradition de solidité et de régularité de l'art du règne de Louis XIV.

De la bibliothèque de M^r. de Joubert trésorier des Etats de Languedoc. Dans le style Louis XV, pièce de quelque graveur-décorateur du Midi. Le même artiste a dessiné, sans y mettre son nom, de la même pointe légère et brillante, l'ex-libris in-4 de Dillon, archevêque et primat de Narbonne.

Ex-libris de Mirabeau; anonyme : d'azur, à la bande d'or accompagnée en chef d'une demi-fleur de lys du même, défaillante à dextre, florencée d'argent, et en pointe de trois étoiles d'argent en orle. Il figure ici moins pour sa beauté que pour le nom de son possesseur; c'est celui de Mirabeau l'*Ami des hommes*, père de Mirabeau tonnant et de Mirabeau tonneau.

De la bibliothèque de M. Lavoisier, etc. Dans le plus pur style Louis XVI, dessiné et gravé par De la Gardette; le titulaire y prend la qualité de fermier général, qui devait lui être funeste.

Ces ex-libris du XVIIIe siècle, si variés, si amusants, si spirituels, si tentants, étaient le menu gibier de l'amateur, en chasse au fourré chez les libraires, ou à découvert sur la ligne des quais. Poursuite innocente, battue égayante et piquante d'iconophile et de lettré, vous aurez été trop brève, vous avez fui!

Aujourd'hui, l'ex-libris, à peine aperçu, est décollé par le bouquiniste, et précieusement réservé pour être vendu à prix débattu. Plus de plaisir, plus d'émotion de découverte. C'est une valeur reconnue, en hausse, et qui pourrait dire où elle s'arrêtera? Peut-être, un jour, dotera-t-on ses filles avec des ex-libris, et celles qui en auront le plus et des plus rares passeront pour les meilleurs partis. Tout arrive sous le ciel.

DE LA BIBLIOTHEQUE
DE M. LAVOISIER
de l'Académie Royale des Sciences
régisseur des Poudres et Salpêtres
de France F.er Général

LA LIBERTÉ OU LA MORT
Ex Libris J. B. Michaud
Pontissaliensis Legati in
Nat.li Conventu 1791

PREMIÈRE RÉPUBLIQUE

Le vicomte de Bourbon-Busset remplace l'ex-libris à ses armes, d'azur à trois fleurs de lys d'or, au bâton péri en bande, au chef de Jérusalem, deux anges pour supports, où il avait énuméré ses titres : *premier gentilhomme de la chambre en survivance de M. le comte d'Artois, colonel-lieutenant commandant le régiment d'Artois-cavalerie, élu général des États de Bourgogne*, par une marque encadrée d'une couronne de chêne, où il s'honore du titre de citoyen français, à la date de 1793.

Il a quelques imitateurs, entre autres Alexis Foissey, de Dunkerque, qui substitue le niveau égalitaire à la couronne de son ex-libris dans le style rococo.

Le temps n'est pas aux marques de propriété sur les plats ni à l'intérieur des livres ; pourtant, deux ex-libris de conventionnels assez inconnus se sont retrouvés : celui de P. M. Gillet, député du Morbihan, surmonté du bonnet de la liberté, avec la devise : *Liberté, Égalité ;* et celui de *J. B. Michaud Pontissaliensis legati in Nat[li] Conventu 1791*, également orné du bonnet phrygien, avec la devise : *La liberté ou la mort*. Ce mélange de français et de latin surprend sur la marque d'un député du Doubs, né à Pontarlier ; mais on pouvait être très-latiniste alors, et le montrer. Nous avons lu, à la même date, la Marseillaise d'un professeur, du nom de René Morel, *Ad gallicam juventutem profecturam et se in castra composituram*.

Un des derniers ex-libris avec emblèmes républicains, doit être celui de *l'Adjudant général Villatte*, promu à ce grade le 5 février 1799. Son nom s'y lit entre les faisceaux surmontés du bonnet, et un chapeau pastoral, couvrant une houlette, sur lequel deux pigeons se becquètent. De même que le philosophe Sylvain Maréchal, ce militaire cachait, sous une enveloppe trompeuse, un berger de nature et de vocation.

PREMIER EMPIRE

Résurrection du blason qui faisait le mort pendant la tourmente révolutionnaire. Il reparait, panaché sur les ex-libris des sénateurs et grands dignitaires de plumes d'autruche, en nombre impair, contournées dans des poses qui n'étonneraient pas davantage sur la partie de la bête où l'homme les a ravies.

La marque d'Antoine-Pierre-Augustin de Piis se distingue heureusement dans cette cohorte d'armoiries réglementaires; elle se compose de son monogramme appendu au tronc d'un palmier qui porte à chaque rameau le nom d'un des maitres de la chanson : Panard, Favart, Vadé, Collé, etc.; par terre sont éparses les œuvres dont l'aimable vaudevilliste pouvait se réclamer pour figurer à son tour sur cet arbre de gloire : *Santeuil et Dominique*, *le Rémouleur et la Meunière*, *les Amours d'été*, *les Veillées villageoises*, *Chansons*.

RESTAURATION
MONARCHIE CONSTITUTIONNELLE
SECONDE RÉPUBLIQUE

Rien, rien, et encore rien, que des marques héraldiques sans caractère et sans style, pour lesquelles il y a des moules, à Paris, chez les graveurs des passages. Le moule dit *au ceinturon* fut un des plus en vogue, et peut-être l'est-il encore. C'est un ceinturon entourant les armes ou le monogramme; rien de plus, mais cela a charmé, le ceinturon avait le *je ne sais quoi*. Hermione, Rachel, veux-je dire, s'était donné le ceinturon; M. Armand Baschet a fait tracer le cercle en cuir du ceinturon autour du lion de Venise, *Custos vel ultor*, qu'il partage avec les d'Argenson, on ne sait pas assez pourquoi.

L'art romantique n'a pas une pièce dans ce genre, où, comme dans le frontispice et la vignette, il eût pu laisser trace de son originalité. Nous sommes à voir un ex-libris de Célestin Nanteuil, des Johannot, de Gigoux ou de Camille Rogier. Dans ce désert, on s'étonne de rencontrer la marque de bibliothèque d'Alphonse Karr, la guêpe, sa bête symbolique, en train de couvrir d'écriture une longue pancarte; sans doute dessinée par le caricaturiste J.-J. Grandville.

SECOND EMPIRE. TROISIÈME RÉPUBLIQUE

A côté de la gravure industrielle des armoiries, qui prospère, constatons une petite renaissance artistique de l'ex-libris, due à celle de l'eau-forte, et tout à fait étrangère à l'héraldisme.

Depuis quelques années, des artistes connus ont pris le goût de graver pour les livres de leurs amis, littérateurs, savants ou curieux, la plupart roturiers, des marques de possession concordantes avec leurs études, leurs goûts, ou emblématiques de leurs œuvres.

Tels :

M. Alexandre Bida, qui a dessiné une jolie vignette pour l'étonnante bibliothèque, sitôt faite et défaite, de M. Félix Solar (1) ;

M. Aglaüs Bouvenne, l'auteur des *Monogrammes historiques d'après les monuments*, qui a dessiné et gravé les ex-libris de MM. Victor Hugo, Théophile Gautier, Champfleury, Alexis Martin, Maurice Tourneux ; celui de M. Victor Hugo, antérieur à la publication du livre *Mes premières années à Paris*, semble avoir inspiré à M. Auguste Vacquerie le vers mémorable :

Les tours de Notre-Dame étaient l'H de son nom.

M. Félix Bracquemond, à qui MM. Charles Asselineau, Philippe Burty, Georges Pouchet, Edouard Manet le peintre, Christophe le statuaire sont redevables de leurs marques d'écrivains ou d'artistes lettrés ; la marque de M. Manet le représente en buste sur un terme ; la devise *Manet et manebit*, affirme sa gloire, en jouant sur son nom ;

(1) Gravée par M. Pollet. M. Solar a eu un second ex-libris gravé par M. Paul Chenay, d'après Andrea del Sarto ; il se trouve, imprimé à la sanguine, après les prix de vente et les tables des anonymes et des livres sur vélin de son Catalogue ; Paris, Techener, 1860-61, 2 part. in-8.

EX LIBRIS VICTOR HUGO

MANET

ET MANEBIT

BI
LIOTHEQUE
LE ROCHEBRU
NE
LA
BO
RE
VR
S

M. Léopold Flameng, qui s'est employé à celles du bibliophile Pierre Deschamps et du docteur Gérard Piogey ;

M. Octave de Rochebrune, qui a encadré dans des motifs d'architecture de la Renaissance trois ex-libris de personnes de sa famille, ceux de l'érudit Benjamin Fillon et de l'éditeur T.-S. Montagne, et le sien propre, composé de ses armes, entre deux figures de Paul Ponce d'un des frontons du Louvre, avec la devise : *Labore surgo* (1).

Avant eux, Gavarni s'était complu à dessiner l'emblème fraternel de MM. Edmond et Jules de Goncourt, que Jules de Goncourt grava lui-même : une main indiquant, de l'index et du médium, les lettres E et J, tracées sur un papier ; image assez parlante pour se passer de la locution populaire qui serait sa devise : *Les deux doigts de la main*.

LES DEVISES

La devise suit l'écu. Dans cette masse de gravures d'armoiries, le plus grand nombre des légendes sont des affirmations ou affectations de vertus nobiliaires : fidélité au roi, impatience de combattre, fermeté inébranlable ; des déclarations de prépondérance féodale, des cris de joie de compter parmi les puissants de ce monde, des allusions flatteuses au nom qu'on porte, des commen-

(1) Cette charmante planche a eu un état antérieur, avec la devise : *Par la peine et le travail*. Voir Ch. Marionneau, *les Eaux-fortes de M. O. de Rochebrune*. Nantes, C. Grimaud et Forest, 1865, in-8.

taires avantageux de la pièce principale de son blason :

A Créquy grand baron nul ne s'y frotte, Créquy ;

Plutôt crever que plier, Moreton-Chabrillan ;

Impavidum ferient ruinæ, Beaumont ;

Duce non erramus Olympo, Carvoisin ;

Fortis et fidelis, Forestier ;

Fidelis semper contra infideles, Beaufranchet de la Chapelle ;

Attente nuit, Buissy, Buissy ;

Une fois, Falctans, Falctans ;

Honeur y gist, Balleroy ;

Et habet sua sidera tellus, d'Hozier ;

Fortis ut Samson, Samson ;

Vetustate robur, Saint-Aulaire.

Hogne qui vonra, est la devise des Mailly qui portent d'or à trois maillets de sinople ;

Separata ligat et fluctuantibus obstat, celle des Pontevès qui blasonnent de gueules au pont de deux arches d'or, maçonné de sable.

Moderatur et urget, celle des Rouillé de Boissy qui ont trois mains dans leurs armes.

Des élans vers les joies éternelles marquent les ex-libris des ecclésiastiques : *Hic ure, hic seca, modo parcas in æternum*, est la prière du prêtre Jean Bardin. Barré, curé de Monville, près Rouen, en thésaurisant sa bibliothèque, fait un retour sur la sécheresse du célibat : *Thesaurisat, et ignorat cui congregabit ea*.

Les savants manifestent leur préoccupation ou leur passion professionnelle, l'idée qu'ils ont de leur art, le but de leurs études, leur conviction philosophique. *Sollicitudo vigilanti*, *Vigilentia custos*, *Cunctando*, sont les devises des médecins Bermingham, Raussin, Sauvage; *Je rapporte fidèlement ce que je découvre*, dit le consciencieux historiographe et généalogiste Chevillard; l'abbé Morellet, autour de son monogramme, a fait graver : *Veritas omnia vincit*, et l'érudit Delaulnaye, au centre de son nom, capricieusement contourné : *Rerum cognoscere causas*.

L'homme a dit : Faisons Dieu, qu'il soit à notre image.
Dieu fut! et l'ouvrier adora son ouvrage.

Ce distique, dans un encadrement du style Louis XVI, est la marque anonyme du philosophe Sylvain Maréchal, et la formule surprenante de son athéisme (1).

Les devises et inscriptions témoignant du plaisir de posséder une bibliothèque, assez rares sur les ex-libris, sont aussi de genres différents. Les plus communes expriment le goût de la lecture; elle est un charme et une consolation : *In secundis voluptas, in adversis perfugium*; *In solitudine solamen*; *His me consolor*; *Fallitur hora legendo*; « *C'est la meilleure munition que j'aye trouvé en cet humain voiage* (MONTAIGNE). » En quatre mots, M. Maurice Tourneux, bibliophile contemporain, a donné l'expression du parfait bonheur de la vie studieuse et modeste : *In angulo, cum libello*. Ce concert de bibliophilie n'est guère troublé que par la note discordante d'une marque anonyme, composée d'un livre et d'une plume : *Res optimæ, res pessimæ*; antithèse renouvelée de la controverse d'Esope le Phrygien sur la langue, la meilleure et la pire des choses.

(1) Il s'y complaisait; c'est l'épigraphe qu'il a donnée aux trois éditions, sous divers titres, de ses *Fragmens d'un poëme moral sur Dieu*; la première à la date de 1781.

Viennent ensuite les devises de libéralité qui indiquent le Mécène; elles ont leur modèle, excellent, dans le fameux *Grolierii et amicorum*, souvent copié, non sans hypocrisie, et sur lequel ont trouvé moyen de renchérir Lambert de Villejust : *Amicis et mihi*, et un Savigny : *Non mihi, sed aliis ;* dans ce dernier cas la générosité va jusqu'à la renonciation.

Mais les inscriptions les plus heureuses, les plus sincères surtout, sont celles où la joie du bibliophile se montre en même temps que son inquiétude de prêter, ou que sa résolution de garder pour lui ses richesses, de ne s'en séparer jamais.

Lege et redde, dit François-Jean Sirebeau ; Hugo de Bassville lui fait écho : *Rendés le livre, s'il vous plaît.* « *La première chose qu'on doit faire, quand on emprunte un livre, c'est de le lire, afin de le rendre plus tôt.* » Vérité constante, que le grand comédien anglais Garrick a bien fait de répéter d'après le *Menagiana*.

Charles-Frédéric Hommeau, de qui l'ex-libris représente la bibliothèque, ornée de la statue du dieu des arts, donne quatorze jours à l'emprunteur pour rendre le livre, en bon état, et afin que nul n'excipe d'ignorance, il a pris soin de faire graver, au bas de la planche, cet article du règlement de son cabinet :

LEX BIBLIOTHECÆ

Intra quatuordecim dies, commodatum ni reddideris, neque bellè custodieris, alio tempore dominus : Non habeo, dicet.

Ite ad vendentes, et emite vobis ; Allez chez les libraires, et payez-vous-en ; c'est en s'autorisant de saint

Mathieu qu'Aubry, docteur en théologie, curé de Saint-Louis-en-l'Isle, ferme sa porte au nez des emprunteurs.

Guilbert de Pixérécourt a pris la peine de formuler, en deux vers, les raisons péremptoires pour lesquelles, sous quelque prétexte que ce soit, un curieux ne se doit dessaisir d'un livre :

Tel est le triste sort de tout livre prêté,
Souvent il est perdu, toujours il est gâté (1).

Guillaume Colletet, grand bibliophile, comme l'on sait, envisageait le prêt de ses livres avec la même horreur que celui de sa moitié, la belle Claudine elle-même, et avait ainsi déclaré son ferme propos :

A MES LIVRES

Chères délices de mon âme,
Gardez-vous bien de me quitter,
Quoiqu'on vienne vous emprunter ;
Chacun de vous m'est une femme
Qui peut se laisser voir sans blâme
Et ne se doit jamais prester (2).

La plupart de ces malédictions aux emprunteurs se rencontrent, réunies à des devises personnelles, sur l'ex-libris pour in-folio de M. Abel Lemercier, gravé par

(1) La devise de l'ex-libris de Guilbert de Pixérécourt est : *Un livre est un ami qui ne change jamais;* mais un artiste bibliophile, M. C. E. Thiery, lui a emprunté son distique.

L'ex-libris de Pixérécourt se trouve imprimé sur le faux-titre de son Catalogue, Paris, 1838, in-8 ; nous remarquons aussi l'un des ex-libris de la duchesse de Berry sur le titre du *Catalogue de la riche bibliothèque de Rosny...* Paris, 1837, in-8. Ces deux bons exemples n'ont guère été suivis dans les catalogues imprimés depuis trente ans.

(2) Colletet n'a pas eu d'ex-libris ; les livres de sa bibliothèque portaient sa signature *Guillaume Colletet.* Son sixain, que l'éditeur bibliophile Curmer avait fait inscrire au-dessus de la porte de son cabinet,

M. Martial Potémont, qui présente de plus la singularité de se pouvoir décomposer en marques de bibliothèque des divers formats; c'est une pièce originale parmi les modernes.

à Passy, se trouve aussi reproduit sur la jolie marque de M. Ch. Mehl, dessinée par M. Gustave Jundt.

Dans les *Epigrammes du sieur Colletet, avec un discours de l'Epigramme*, Paris, Louis Chamhoudry, 1653, in-12, p. 26, immédiatement après la boutade *A mes livres*, se trouve cette apostrophe :

AUX EMPRUNTEURS DE LIVRES QUI NE LES RENDENT POINT

Emprunteurs, pour vous parler net,
Ma bibliothèque connüe
Est un meuble de cabinet
Qu'on ne crotte point dans la rüe.

QUELQUES EX-LIBRIS SINGULIERS

Les ex-libris de Thomas Gueulette

Simon-Thomas Gueulette, grand conteur de contes de fées, et grand compositeur de farces pour le Théâtre Italien et le Théâtre des Boulevards, est, que nous sachions, le premier, peut-être le seul homme de lettres, qui ait eu l'idée de faire de son ex-libris une allégorie de l'ensemble de ses productions littéraires. Il a même eu deux ex-libris de la même allégorie, reprise et retournée, tous deux charmants, dignes de cette belle bibliothèque de littérature française, ou gauloise, si l'on veut, qu'il avait réunie à Choisy-le-Roi, à côté de son théâtre particulier.

Exlibris Thomæ Gueulette et Amicorum, c'est leur légende; *Dulce est desipere in loco*, c'est sa devise épicurienne, qu'un amour volant emporte dans les nuées. Dans la vasque d'une fontaine formée de son blason que décore une tige de muflier (1), entourée d'une volée de pa-

(1) *Antirrhinum majus*, scrophulariée connue vulgairement sous les noms de *muffle de veau*, *gueule de lion*.

pillons, se baigne un Syrène tenant d'une main un miroir, et de l'autre une marotte; à droite et à gauche se groupent un Tartare, un Mandarin, un Arlequin et un Cyclope tenant un enfant dans ses bras.

Le Cyclope nous échappe, mais le seigneur tartare figure ici les *Mille et un quarts d'heure, contes tartares*, publiés en 1715, réimprimés en 1723 et en 1753, et formant les tomes XXX et XXXII du *Cabinet des Fées;* le beau Mandarin, *les Aventures merveilleuses du mandarin Fum Hoam, contes chinois,* dont il y a eu deux éditions, sans compter la réimpression au tome XIX du *Cabinet des Fées;* et enfin le sémillant Arlequin, tout le théâtre de Gueulette.

Dans le second et le plus petit ex-libris, jolie eau-forte signée *Inv. Bellanger et sc.*, la fontaine et les personnages, au lieu de se présenter de face, se dessinent à gauche, en perspective fuyante; à droite, un Arlequin sinistre les désigne d'un geste moqueur, et les raille. C'est *Arlequin-Pluton*, héros d'une parade que Gueulette fit jouer en 1719, qui semble promettre aux sombres bords le monument de son auteur.

Et de fait, Gueulette littérateur n'est plus de ce monde. Il avait pris soin, d'ailleurs, d'en épuiser jusqu'à quatre-vingt-trois ans les joies, les plaisirs et les succès.

Les ex-libris du président de Brosses

Quand Charles de Brosses vint à passer ses examens pour le grade de bachelier en droit, il fallut l'élever sur un tabouret, pour montrer au public le petit prodige.

Ex libris Thomæ Gueulette et Amicorum.

quanti sunt
Carolus de Brosses Comes
Tornaci Baro Montis Falco
a Consiliis in suprema Burg
Curia praeses infulatu

Cette disgrâce d'être petit, au-dessous de la commune petitesse, se peut consoler par d'illustres exemples; pour un humaniste, comme Charles de Brosses l'était, la première phrase de Quinte Curce sur Alexandre le Grand est déjà bien secourable. Et puis, en homme d'esprit, il ne tenait qu'à lui de prendre son parti de son exiguité, de l'arborer, d'en rire avant les rieurs; et c'est ce qu'il fit, croyant bien faire.

Sur le premier de ses ex-libris, gravé par A. Aveline, au-dessus de ses armes, d'azur, à trois trèfles d'or, posés 2 et 1, sommées de la couronne de comte et du mortier de président, on lit cette devise : *Homunculi quanti sunt!* Que grands sont les homuncules! Mais Charles de Brosses n'eut sans doute pas à se féliciter de son héroïsme à se traiter d'homoncule en antithèse à ses grandeurs de toute sorte; sur son second ex-libris, gravé par Durand, la malencontreuse devise a disparu.

Décidément il était trop petit, et tout en lui et de lui se tournait contre sa petitesse : s'il publiait un livre sur le culte des dieux fétiches, par exemple, on l'appelait le président Fétiche. Ce ridicule le poursuit outre-tombe, et chaque fois que son nom est réveillé, c'est pour quelque avanie posthume à sa taille minuscule. Un des derniers Salons publiés de Diderot le fait voir comme un nabot, monstrueusement avantagé *in eâ parte quâ Achilles erat*.

L'ex-libris avec la devise *Homunculi quanti sunt!* énumère en latin les titres de de Brosses, « comte de Tournay, baron de Montfaulcon, président à mortier au parlement de Bourgogne, » et résume ainsi ce qu'il y eut de funeste dans la vie de ce galant homme.

Le domaine de Tournay n'est autre que celui dont Voltaire acquit la propriété viagère, et où il se chauffa, au détriment de son vendeur, de quatorze moules de bois, valant bien douze louis. De là une grosse affaire, où l'on se menaça, de part et d'autre, de se *déshonorer*, et de *se mener fort loin à la table de marbre*. La conséquence en fut que Voltaire empêcha Charles de Brosses de succéder, à l'Académie française, au fauteuil du président Hénault.

Que de choses dans un ex-libris !

L'ex-libris de Louis XV
L'ex-libris de Madame Victoire de France
L'ex-libris du Château de la Bastille

On nous avait bien dit que Louis XV avait eu un ex-libris. Nous n'en voulions pas croire les yeux d'un autre; nous ne pouvions imaginer les livres d'un roi de France avec une si modeste marque de possession, rappelant l'économie d'une branche cadette.

Aujourd'hui, nous l'avons vu, de nos yeux vu. Le double L y figure en monogramme sur un écusson entouré de trophées et sommé de la couronne royale. Très-belle pièce pour in-folio, dessinée par A. Dieu, et gravée par I. Audran ; elle s'est rencontrée sur un volume couvert en veau, où le double L était répété entre les nerfs, mais non sur les plats.

Le blason de France, d'azur, à trois fleurs de lys d'or, existe en ex-libris pour la bibliothèque de Mme Victoire de France, fille de Louis XV, et pour celle du Château royal de la Bastille.

Les ex-libris de Laus de Boissy

« Je gage, dit l'un, que je pourrai vous citer tel ouvrage et tel écrivain dont vous n'avez jamais ouï parler. — Je vous le rendrai bien, répondit l'autre. Et en effet, ces messieurs se mettant à disputer de petitesse et d'obscurité, on vit paraître sur la scène une armée de Lilliputiens : Mérard de Saint-Just, Santerre de Magni, Laus de Boissy, criait l'un... »

Ceci est du Rivarol, et en effet, à la date du *Petit almanach de nos grands hommes* (1788), Laus de Boissy était un écrivain assez obscur, et par malheur, destiné à le rester. Mais il aima les livres, il eut jusqu'à trois ex-libris, l'un galant, bien troussé, bien gravé, et illustré d'un calembour en latin; il est notre homme. Voici :

La Justice sur des nuées, vêtue d'une robe fleurdelysée, le bandeau sur les yeux, tient d'un bras le glaive, et de l'autre qui replie les balances, s'appuie au blason de Laus de Boissy, qu'environnent des amours porte-lyres, et des colombes amoureuses; l'un d'eux et l'une d'elles tendent une banderole festonnée de roses, où se lit : *Virtuti et amori laus*. Louange à la vertu et à l'amour; ou plutôt : Laus est tout à la vertu et à l'amour. C'est charmant.

Comme le chat fait la souris, Rivarol après avoir marqué Laus de la dent, dans la préface de l'*Almanach*, le reprend, à l'ordre alphabétique, pour le remordiller sur sa manie de titres littéraires et autres; et en effet, l'ex-libris porte : *Bibliotéque* (sic) *de M. de Laus de Boissy*,

Ecuyer, Lieutenant particulier du siége de la Connétablie, Rapporteur du Point-d'Honneur, Membre des Académies de Rome, Padoue, Rouen, etc., etc.

Dépourvu de talent et affamé de considération, de notre temps, ce pauvre écrivain eût eu du moins la satisfaction de se faire décorer de quantité d'ordres extravagants.

Il est venu au monde trop tôt.

L'ex-libris de Grimod de la Reynière

Grimod de la Reynière dessinait et découpait très-agréablement avec sa main mécanique en fer; on a des vignettes signées de lui, entre autres celle du volume anonyme intitulé *Gastronomiana,* qui représente un gourmand déjeunant avec des huîtres et des pâtés.

Son ex-libris est, à n'en pas douter, aussi de sa façon; les objets allusionnels qui s'y groupent le font assez voir.

Ex libris A. B. L. Grimod de la Reynière. Sous son blason, sommé de la couronne de comte, à laquelle une toque d'avocat sert de cimier falot, sont jetés pêle-mêle, une robe, des livres, une coupe, un masque, une marotte; à droite, une énorme lorgnette est guindée sur une colonne à chapiteau corinthien; à gauche, une branche de laurier s'enroule à un bâton que surmonte le bonnet de la liberté.

Cette composition dit la profession du personnage, avocat au parlement, ses goûts littéraires, ses habitudes de folie et d'indépendance endiablée, et surtout son

Ex Libris de Champcenetz

excentricité. La lorgnette monumentale y met une date. C'est en 1783 que Grimod publia son second livre : *La Lorgnette philosophique, trouvée par un révérend père capucin sous les arcades du Palais-Royal*. Au préalable, il s'était donné la satisfaction de lire des passages de cet ouvrage à ses convives, pendant son second grand festin commémoratif de la mort de Melle Quinault, du 22 février de cette année-là.

Sa vocation gastrolâtrique était encore indécise alors; sans quoi nous verrions figurer dans l'ex-libris quelqu'un de ces puissants harnois de gueule, qui dessinent de si imposantes lignes sur les frontispices de l'*Almanach des gourmands*.

L'ex-libris de Champcenetz

Une caricature de 1789 représente MM. Casserole et Chambrenette (lisez Rivarol et Champcenetz) collaborant au *Petit almanach de nos grands hommes* dans une mansarde des plus délabrées et démeublées.

Il ne faudrait pas s'y laisser prendre. A cause de deux affreux vers latins sur le ridicule de la pauvreté, on l'infligeait, de tradition, dans la littérature française, à ses ennemis, même vivant sous des lambris dorés. Ce qui était le cas du marquis Louis de Champcenetz, lequel, de plus, s'était donné le luxe d'une très-belle bibliothèque et d'un ex-libris représentant son blason sur un amoncellement de nuées, au centre d'une gloire plus irradiée que celle d'aucun saint-sacrement. La pièce est enlevée au burin, et typique dans le style Louis XVI.

La bibliophilie fut pour quelque chose dans la fin tragique du pamphlétaire royaliste. Il avait quitté Meaux où il s'était caché, surtout pour revoir sa bibliothèque, à ce qu'il dit à son ami le chevalier Journiac de Saint-Méard, célèbre échappé aux massacres de Septembre. Arrêté en novembre 1792, il fut exécuté sept mois après. La vente de ses livres, commencée à son domicile, rue du Mail, nº 19, le quintidi 5 frimaire an IV (jeudi 26 novembre 1795) demanda quinze vacations; le catalogue se composait de 1293 numéros.

Journiac semble avoir beaucoup regretté Champcenetz, comme estomac. Quelques années plus tard, il fondait la société dite des *Gobe-mouches*, dont il empruntait le nom au titre de la plus plaisante production littéraire du défunt (1). C'étaient des habitués de l'ancien Palais-Royal, survivant au cataclysme révolutionnaire, qui se réunissaient pour se refaire de leur long jeûne, et aussi de leurs émotions, en débridant fort et ferme. Leur président fondateur poussa plus loin que personne ces représailles de table. En 1808, âgé de soixante ans, il faisait « six repas par jour, sans compter tout ce qu'il mangeait pendant la nuit. » Grimod l'affirme, et on l'en peut croire (2). Phénomène de nature à consoler et à attrister à la fois les mânes du pauvre Champcenetz, appétit fauché dans sa fleur !

(1) *Les Gobbe-mouches*. Au Palais-Royal, 1788, in-8 (anonyme). Auguis a reproduit cet opuscule, sous le nom de Champcenetz, dans ses *Révélations indiscrètes du dix-huitième siècle*.

(2) *Manuel des Amphitryons*, éd. de 1808, in-8, p. 219.

Les ex-libris de Boyveau-Laffecteur

Qui n'a rencontré avec douleur des volumes où les blasons ont été coupés sur les plats, et où, plus souvent encore, les ex-libris ont été couverts d'un papier qui les laisse deviner dans sa transparence? Ce sont les marques exécrées des bibliophiles, de la proscription, pendant la première République, des signes et emblèmes nobiliaires, qu'une terreur fort excusable faisait arracher ou dissimuler.

En gravure, comme en politique, il est des moyens ingénieux de retourner sa casaque, sans la mettre en pièces; seuls, les malins s'en avisent : le citoyen Boyveau-Laffecteur en est un intéressant exemple.

Avant la Révolution, Boyveau-Laffecteur, docteur en médecine, qui a laissé son nom à une postérité de médicaments, s'était fait graver un agréable ex-libris représentant, dans un paysage, un abreuvoir rustique, bien que monumental, où une vache se désaltérait; au centre se détachait son blason, où figure une cigogne, emblème de la prudence et de la sapience, couronné d'une belle couronne de comte.

Boyveau, *connu sous le nom de Laffecteur*, comme dit la banderole qui s'enroule à ce blason, était-il comte? Il n'importe. On ne regardait pas de très-près aux couronnes, en 1789; mais en 1792, on y regarda de trop près.

C'était un détail : Boyveau, sur son ex-libris, en un tour de main, le fit effacer et remplacer par un bonnet phrygien, énorme et triomphant!

L'ex-libris au bonnet se trouve bien moins souvent que l'ex-libris à la couronne, qu'il recouvre parfois. Boyveau, sans doute, se refit comte; son jacobinisme ne fut qu'une halte entre deux noblesses.

Après tout, il est resté une des illustrations les plus tenaces à la quatrième page des journaux.

L'ex-libris de François de Neufchateau

A travers les événements, François de Neufchateau resta un porteur de lyre.

Cela se lit dans sa bibliographie où des poésies diverses, fugitives, odes, épîtres, poëmes, etc., alternent sans cesse avec des écrits politiques, économiques, historiques, agronomiques. Presque du berceau à la tombe, il bégaya le langage des dieux : vocation impérieuse, que le talent trahit parfois. Elle explique le commentaire du blason que Napoléon Ier lui avait donné, et la célébration, sur son ex-libris, de cette munificence, dans le rhythme ïambique, ou prétendu tel.

Et que de titres! que de têtes! c'est une hydre politique, administrative, poétique, agricole, etc., que

N. FRANÇOIS DE NEUFCHATEAU

LE PREMIER DES PRÉSIDENTS DU SÉNAT CONSERVATEUR, GRAND OFFICIER DE LA LÉGION D'HONNEUR, TITULAIRE DE LA SÉNATORERIE DE BRUXELLES, L'UN DES QUARANTE DE LA CLASSE DE L'INSTITUT QUI SUCCÈDE A L'ACADÉMIE

FRANÇAISE, PRÉSIDENT DE LA SOCIÉTÉ D'AGRICULTURE DE PARIS, POUR LA SIXIÈME FOIS, EN 1811; etc.

Dans un siècle où l'or seul fut un objet d'envie,
De l'or je ne fus point épris.
J'aimai le bien public, j'y dévouai ma vie;
J'en ai reçu le digne prix :
Du plus grand des héros l'estime peu commune
M'a doté de cet écusson;
Honneur bien préférable aux dons de la Fortune,
Il m'offre une double leçon.
L'agréable est ici figuré par le cygne,
Et l'utile par les épis :
Trop heureux en effet qui serait jugé digne
De ces emblèmes réunis.
O mes livres chéris, conservez cette image,
Seul trésor que je laisserai,
Et longtemps après moi, rendez encor hommage
A la main qui m'a décoré!

Il va sans dire que l'écusson où l'utile se mêle si étroitement à l'agréable, est ombragé d'une de ces toques sénatoriales d'où cinq plumes d'autruche s'élancent en ondoiements indescriptibles.

Les ex-libris, recherchés surtout comme pièces bibliographiques et comme images de décoration et d'ornement, offrent assez souvent un intérêt littéraire et biographique; c'est ce que nous avons voulu montrer. Il n'a tenu qu'à nous d'en multiplier les exemples.

EX-LIBRIS

DESSINÉS OU GRAVÉS PAR LES PETITS MAITRES DU XVIIIe SIÈCLE

Cette liste ne se présente pas comme complète ; il reste bien quelques trouvailles à faire. Telle quelle, elle se compose de vignettes bien difficiles à réunir, surtout en bonnes épreuves. Excepté lorsque la pièce est anonyme, nous nous contentons d'en donner la *lettre*, sans description.

Il s'agit ici, bien entendu, des *petits maîtres* qui ont su donner à l'ex-libris un caractère de nouveauté, qui l'ont traité avec liberté, imagination et fantaisie, mais non des bons ouvriers en gravure héraldique, tels que Roy, Bourgeois, Viotte, Ollivault, etc., etc., si nombreux au XVIIIe siècle. Les noms de ceux-ci se trouveront dans la *Liste générale des dessinateurs et graveurs signataires d'ex-libris français*. Nous n'avons pu songer à les en tirer : les *minores* ont droit à plus d'attention que les *minimi*.

FRANÇOIS BOUCHER

Le P^dent Henault de l'Academie françoise. Sans nom de dessinateur ni de graveur.

La lettre de cet ex-libris, sur l'épreuve de l'œuvre du comte de Caylus, au Cabinet des estampes, est : Academie franç. P^dent Henault. *Boucher inv. C.* (Caylus) *s.*

Ex libris Joannis Laurentii Aublé. *F. Boucher in. Pariset sc.*

Ex-libris anonyme du chevalier de Valori. *F. B. inv.* (sur une palette au bas de la pièce, à droite), *J. H. V.* (Valori) *scul.*

Se trouve dans l'œuvre de Valori, *Recueil des amateurs*, au Cabinet des estampes.

BOUCHARDON

Mlle Le Daulceur. *Ed. Bouchardon in. del. Louise Le D.* (Daulceur) *sculp.*

PIERRE

Mr Mignot de Montigny. *Pierre del. Louise Le D.* (Daulceur) *sculp.*

F. Boucher in. Pariset Sc.

GRAVELOT

Bibliothèque de Mr Thiroux d'Arconville, présidnt au Parlement. *H. Gravelot in. Mde Le D.* (Daulceur) *sculp.*

La composition de cet ex-libris a servi pour celui de Thiroux de Gervillier aussi gravé par Mme Le Daulceur, et a été empruntée par Jacobus Henricus Tribourdet legus partuls et U. B. præfectus. *H. Gravelot in. del. Fessard sculp.* 1737 ; il existe des épreuves de cette dernière pièce avant le nom du titulaire.

Ex-libris sans doute d'un comédien, avec la devise : *Facies mutat semperque decenter. H. Gravelot inv. Major sc.* 1747.

Ex-libris anonyme, sans signature. Blason avec la devise : *Magis ac magis.*

Compris, au Cabinet des estampes, dans l'œuvre de Gravelot et dans celui de Choffard, comme dessiné par le premier et gravé par le second.

Ex-libris pour in-4, anonyme, sans signature, aux armes de Nicolaï : d'azur, au lévrier courant d'argent, accolé de gueules, bandé d'or.

Même observation que pour le précédent. Voir l'article Choffard.

Il est singulier que Gravelot, grand liseur, et qui avait une bibliothèque nombreuse, ne se soit pas donné d'ex-libris.

COCHIN FILS

Ex-libris anonyme : un amour appuyé à un blason entouré d'attributs des arts et que surmonte une tête de bœuf. *Cochin inv.* 1750. *De Lafosse sc.*

Ex-libris anonyme de l'abbé Leblanc : des amours, parmi des rochers égayés de verdures et d'eaux vives, enguirlandent des cygnes autour d'un blason dont un cygne est la principale pièce. *C. Cochin filius inv. C. O. Galimard sculp.*

L'abbé Leblanc et Cochin accompagnaient dans son voyage en Italie (1749) le marquis de Vandières, frère de Mme de Pompadour, depuis Mr de Marigny.

Ex libris Le Vassor de la Touche. *C. N. C. d. I. Ingram.*

Ex-libris anonyme et sans signature, aux armes de madame de Pompadour : d'azur, à trois tours d'argent, maçonnées de sable ; deux griffons gardiens.

Dans l'œuvre de Cochin, annoté par lui-même, du Cabinet des estampes, on lit au-dessous de cette pièce : « Il y a apparence que ces armes ont été destinées à être collées sur les livres de la bibliothèque de cette dame. » Il est aussi probable que, gravées peu de temps avant sa mort, elles n'ont pas été utilisées.

Mme Du Barry se fit aussi graver un ex-libris dont elle ne se servit que peu ; nous en avons vu deux

J. Le Grand Sculp.

épreuves, sans plus. M. Delero a bien voulu vérifier qu'il ne se trouve sur aucun des nombreux volumes aux armes de Du Barry et de Gomart de Vaubernier, de la Bibliothèque de Versailles.

Pour les livres de la bibliothèque de son domaine de Crecy, près de Dreux, la marquise de Pompadour avait un ex-libris formé d'un cartouche rocaille, au centre duquel se lit le mot *Crecy*.

Ex-libris anonyme pour in-folio, aux armes de Poisson de Marigny, surintendant des Beaux-Arts, dans les nuées, entourées de figures allégoriques. *C. N. Cochin filius inv. C. O. Galimard sculp.* 1752.

CHARLES EISEN

Mlle d'Arconville. *C. Eisen del. Louise Le Daulceur sculp. et in.*

Ex-libris anonyme aux armes de Monteynard. Voir p. 28. *C. Eisen inv. Le Mire sc.*

Ex-libris anonyme pour in-4 de Claude-Antoine de Choiseul-Beaupré, évêque, comte de Châlons-sur-Marne : d'azur à la croix d'or, cantonnée de vingt billettes de même, cinq en chaque canton, disposées en sautoir. *C[h] Eisen invenit. Aliamet scul.*

Ex-libris anonyme à la date de 1749, pyramide et génies. *C. Eisen del. R. Strange scul.*

Ex-libris anonyme aux armes du marquis de Paulmy : d'azur, à deux léopards d'or, couronnés à l'antique, passant l'un sur l'autre ; le lion de Venise pour cimier. *Eisen inv. J. Aliamet.*

Dans son *Œuvre suivie contenant différents sujets de décorations et d'ornements*, etc., dédiée à ce même marquis de Paulmy, Charles Eisen a donné divers passe-partout de blason, décorés d'amours, de guirlandes, de palmes et d'attributs divers, dont les graveurs héraldiques de son temps se sont fréquemment inspirés.

AUGUSTIN DE SAINT-AUBIN

Ex libris Augu^us^ de Saint-Aubin.

Ex libris Ludovicus de Meslin. *Aug. de Saint-Aubin fecit.*

Dans l'œuvre d'Augustin de Saint-Aubin du Cabinet des estampes, rassemblé et légué par lui, ces deux petites pièces se montrent gravées sur la même planche.

Ex libris F. de La Rochefoucault, marchionis de Bayers. *Aug. de Saint-Aubin inv.*

Cette charmante pièce a trois états dans l'œuvre précité : eau-forte pure, avant la signature, et avec la signature à laquelle Augustin de Saint-Aubin a ajouté de sa main : *del. 1765.*

Quatre pièces anonymes du même œuvre semblent des

ex-libris, l'une surtout, aux armes de M. de Béthune-Charost qui avait une bibliothèque considérable, vendue en l'an X.

MOREAU LE JEUNE

Ex-libris anonyme de Moreau d'Hemery : d'azur à la fasce d'argent chargée d'une grenade tigée et feuillée de sinople, accompagnée de trois merlettes d'argent posées 2 et 1. *Moreau i. et s.*

Ex libris Ludovici Deschamps des Tournelles. *Moreau sculp.*

Ex-libris avec armes composées d'un chevron échiqueté, de deux croissants et d'un château ; lions supports. *Moreau in. fecit.* 1768.

Du cabinet de livres de M. A. P. de Fontenay, éc.r S.gr de Sommant, Noiron, etc., président et lieutenant génal au bailliage et siége présidial d'Autun. *J. N. Moreau le Jne inv. et sculp.* 1770.
L'œuvre de Moreau du Cabinet des estampes a trois états de cette jolie pièce : eau-forte pure, avant la lettre, avec la lettre.

Ex libris marquis de Rognes. *J. Moreau del. N. Le Mire sculp.* 1777.

Ex libris Boucherot du Fey. Sans signature.

Comme dans l'œuvre d'Augustin de Saint-Aubin, il se trouve dans celui de Moreau le jeune quelques ex-libris douteux.

CHOFFARD

De Cursay, de Landry et de la Parisière-Thomasseau, écuyer, origin. d'Angers. *Malo mori quam fœdari.* Traduct. morale de la devise : Plutôt mourir que de me déshonorer. *P. P. Choffard fecit.* 1756.

De Cursay-Thomasseau. De sable, à l'émanche d'argent de cinq pièces, en pointe de l'écu. Explication : Sable (martre noire), Emanche (manche antique décousue et déployée), signifie : Ennemis vaincus et dépouillés. *P. P. Choffard fecit,* 1756.

Ex libris de Buissy. *P. P. Choffard fecit,* 1759.

Franc. Jos. Ant. Hell, bailli de l'évêché de Bâle, des comtés de Montjoye et de Morimont, des départem[s] de Hirsingen et de H[t] Landzer, et autres terres en H[te]-Alsace. De la Société économique de Berne; etc. *P. P. Choffard fecit,* 1773.

Ex libris Souchay, eq.[is], Lugduni. *C. Monet del. P. P. Choffard sculp.* 1776.
Le Cabinet des estampes a un état avant la lettre.

Jean Armand Tronchin. *P. P. Choffard fecit,* 1779.

Thellusson. *P. P. Choffard fecit*, 1782.
Noble prussien, baron de Rendlesham.

Andreas de Salis, curiâ Rhætorum. *P. P. Choffard fecit*.

Ex libris (le nom resté en blanc). Pièce d'armoiries dont le Cabinet des estampes a deux états. *P. P. Choffard.*

Ex-libris anonyme, blason avec la devise *Magis ac magis*. Voir l'article GRAVELOT.

Ex-libris anonyme aux armes de Nicolaï. Voir l'article GRAVELOT.

Pinsot d'Armand. *P. P. Choffard fec.*

WILLE FILS

Ex-libris anonyme, représentant un faucheur nu, une draperie enroulée à sa ceinture. *Wille filius del.* 1766. *Halm sculp.*

MARILLIER

Ex libris Duché. *P. Marillier inv. et del.* 1779. *De Launay le jeune sculp.*

MONNET

Ex libris Souchay, eq.[is], Lugduni. *C. Monet del. P. P. Choffard sculp.* 1776. Voir l'article CHOFFARD.

Ex-libris avec monogramme formé d'un L et d'un B, dans un entourage d'attributs champêtres. *Monnet inv. D'Elvaux sc.*

GAUCHER

Cabre. *C. Gaucher inc.* 1775.

De la Bibliothèque de François Grangier de Lamotte, cap. de Dragons au R[gt] de Deux-Ponts. *Dessiné et gravé par Ch. Gaucher de l'Acad. des Arts de Londres.* 1779.

Messire André-Gaspard-Parfait comte de Bizemont-Prunelé. *Dessiné et gravé par Ch. Gaucher, de l'Acad. des Arts de Londres.* 1781.

Le comte de Bizemont-Prunelé a gravé à l'eau-forte, la même année, l'ex-libris de sa femme, Marie-Catherine d'Hallot, où il s'est représenté dessinant, dans des ruines, leur double blason sculpté sur un piédestal ; motif remarquable à sa date. Treize ans plus tard, cet amateur, émigré en Angleterre, y vivait de son talent. Sa carte ornée de maître de dessin à Londres se remarque dans son œuvre au Cabinet des estampes :

M. Bizemont drawing master n° 49 Norton street, near Portland street. — Bizemont sc. London, 1794.

Ex libris Jac. Desmares in Senatu Paris. patroni. *C. E. Gaucher ex Acad. art. Lon. del.*

Ex libris Petri Gosset de Saint-Clair, Doct. med. Facult. Monspelliensis.

De Gaucher, sans aucun doute; l'épreuve que nous avons vue était sans marges.

Ex-libris aux armes de Séguier : d'azur, au chevron d'or accompagné de deux étoiles d'or en chef, et d'un mouton passant d'argent en pointe, avec la devise *Per indolem bonus. C. Gaucher del. et sc.*

SERGENT-MARCEAU

Mr Tascher. *Sergent fecit.*

Ex libris D. D. d'Archambault. Devise : *In armis leones. Sergent scul. Carnuti.*

Jolie pièce d'un travail précieux ; la première, presque grossière, doit être de l'enfance du graveur.

Mme LOUISE LE DAULCEUR

Il y aurait de l'injustice à ne pas donner place ici à cette femme du monde, amateur de talent, gracieux intermédiaire entre les artistes ses maîtres et ses amis, auxquels elle demandait des marques de bibliothèque, et ses autres amis savants et lettrés, pour qui elle se plaisait à les graver. Mme Louise Le Daulceur, dans sa société, s'était fait de l'ex-libris une spécialité aimable. Bouchardon, Pierre, Gravelot, Eisen, lui ont donné des modèles; les deux premiers n'en ont donné qu'à elle. C'est une patronne toute trouvée pour les collectionneurs, et du bon temps.

Mde Le Daulceur. *Ed. Bouchardon in. del. Louise Le D. sculp.* Voir l'article BOUCHARDON.

Bibliothèque de Mde Le Daulceur. Plus petit que le précédent, et sans doute dessiné par Mme Le Daulceur elle-même; sans signature.

Bibliothèque de Mde la comtesse de Mellet. Signé à gauche, dans la draperie, *Le D.*

Mde la comtesse de Mellet. *Ed. Bouchardon in. del. Louise Le D. sculp.*

M. de Montigny, de l'Académie des sciences. *Gravé par Mde Le D.*

Le Cabinet des estampes a un état de cette pièce avant la lettre et avec la signature à droite.

Ex-libris avec la même lettre, pour in-8; le précédent est pour in-4.

Mr Mignot de Montigny. *Pierre del. Louise Le D. sculp.* Voir l'article PIERRE.

Bibliothèque de Mr Thiroux d'Arconville, présid^nt^ au Parlem^t^. *H. Gravelot in. M^de^ L. D. sculp.* Voir l'article Gravelot.

Il y a des exemplaires avec la lettre grise.

Bibliothèque de M. le Cte Thiroux de Gervillier. *H. Gravelot in. M^de^ L. D. sculp.*

M^de^ d'Arconville. *C. Eisen del. Louise Le Daulceur sculp. et in.* Voir l'article Eisen.

M^de^ d'Alleray. *Durand D. V. inv. del. Louise Le Daulceur sc.*

Nous n'osons attribuer à Mme Le Daulceur l'ex-libris de Mlle d'Alleray, d'une pointe très-brillante, sans nom d'artiste : blason appuyé à un buisson de roses, avec la devise enfantine, sur une banderole flottante : *Piccola si, ma studiosa.*

A. M^de^ du Tailly. *Louise Le D. in. sc.*

LISTE GÉNÉRALE

DES DESSINATEURS ET DES GRAVEURS

QUI ONT SIGNÉ DES EX-LIBRIS FRANÇAIS

XVIIe SIÈCLE

Auroux (N.).
Berain (C.).
Blocquet (I.), 1672.
Bonnard (I. B. H.).
Briot.
Chevalier.
Colin (I.), 1685.
Collin, à Reims.
Courbes (I. de).
Deloysi (P.).
Flamen (A. B.).
Gagneux (P.).
Giffart (P.).
Gilbert.
I. T. (Jean Toustain).
Landry.
Le Clerc (G.).
Le Clerc (Séb.), 1655, 1660.
Le Masson (Antoine).
Le Roux (I.).
Maretz.
Math. (Mathan).
Mavelot, graveur de Mademoiselle.
Montulay Lenée.
Nolin (P.).
Ogier, à Lyon, 1696.
Picart (Ioan.).
Rousseau.
Sarret.
Sas (Chrétien).
Simonin, à Toloze.
Thomassin.
Tiphaigne (L.).
Toustain (I.).
Trudon.
Valdor (I.), à Nancy.

XVIIIe SIÈCLE

Andouard.
Aribaud (J. P.).
Arthaud.
A. T. Cys. (Adrien Théry, à Cisoing.
Aublé.
Augustus.
Aveline (A.).
Avisse, 1730.

Baltazard, 1755.
Baour (L. F.).
Baquoy (C.).
Baron (C.).
Baumés, à Montpellier.
Beau, fils.
Beaumont, grav^r ord^re de la ville.
Bécat (H.).
Beleau (I. D.), à Rouen, 1724.
Bellanger.
Berain (C.).
Berlier, 1740.
Bert (J.), à Granmont.
Berthault, 1777.
Bes.
Beugnet, 1769.
Billé.
Bis, à Douay.
Bizemont-Prunelé (André de), 1781.
Bonrecueille (de).
Bouchardon (Ed.).
Boucher (F.).
Bouchy, 1739.
Bourgeois.
Branche.
Braspacher, 1775.
Bréant.
Brenet, 1791.
Brichet (R.).
Brochery.
Brochery (Thérèse).

C. (Comte de Caylus).
Carpentier (J. B.).
Cars (J. F.).
Catelin (J. B.).
Cathey.
Cava (F.).
Chappron Meûnier (P. H.).
Charles (C.).
Charpentier, 1709.
Chenu (L.), 1780.
Chevalier.
Chinon (B.).
Choffard (P. P.), 1756, 1759, 1773, 1776, 1779.
Chollet.
Clouzier (A.).
C. N. C. (Charles Nicolas Cochin).
Cochin fils (C.), 1750.
Cole.

Collard.
Collin (D.), à Nancy, graveur du feu roy de Pologne, duc de Lorraine, 1751, 1752, 1754, 1756, 1769, 1773.
Collin (J.).
Collin (Y. D.), 1785.
Colinet.
Colot.
Coquardon.
Cordier.
Corlet.
Croisey.
Coutellier.

Danchin, à Cambray.
Dapsol, 1787.
David.
Decaché.
Dejean.
Delaitre.
De la Gardette.
Delarbre.
De Launay le jeune, 1779.
Delcourt fils, à Tournay.
D'Elvaux.
D'Embrun.
De Meuse.
Derond (J.).
Desmaisons, 1780.
Dieu (A.).
Docaigne (A.), 1762.
D'Orvasy, à Nancy.
Doyen.
Dreer.
Drevet (C.).
Duflocq.
Duflos (C.).
Duplessis.
Dupré (I. R.).
Durand.
Durand D. V.
Durig, à Lille.
Du Vivier (Louise), 1737.

Eisen (C.), 1749.
Faugrand.
Faure.
F. B. (François Boucher).
Ferrand.
Fessard (Et.).
Flipart.
Fonbonne (Mlle).
Fouquet.
François.
Franç^s (J. C. François), à Nancy, 1739.

Galimard (C. O.).
Gamot (Jos.).
Ganhy (J. B. de).
Gaucher (Ch.), de l'Académie des arts de Londres, 1779, 1781.
George.
Germain.
Giffart (P.).
Glomy.
Godard, à Alençon.
Gosset (I.).
Gossard.
Gossellin, 1770.
Goüel (P.), 1777.
Gravelot (H.).

Guérard, à Beaucaire.
Guibert (J. B.).
Guillaume.
Guttemberg (C. G.).

Halm, 1766.
Helman, 1767.
Helman le jeune.
Herisset.
Houat (A.), l'aîné.
Humbelot.
Huquier.

Ingram (J.).

Jacquot.
Jacques, à Rouen.
Jacques, le J.
Janinet (F.).
Jeanjean.
J. H. V. (Valori).
Jonveaux.
Joubert (L.).
Jourdan (femme), 1788.

Lachappelle (P.).
Lachaumée.
La Comparde.
Lançon, à Nancy.
Lavau (A.), à Bordeaux.
Lebas, 1741.
Lebeau.
Leclere.
Le D. (Mme Louise Le Daulceur).
Le D. (Louise) (Louise Le Daulceur).
L. D. (Madame) (Mme Louise Le Daulceur).
Le Daulceur (Louise).
Le Féron, à Rennes, 1767.
Legrand (L.).
Lejeune.
Lemaire (M.).
Lemaire, le fils.
Le Mire (N.).
Le Roy.
Le Sage.
Lucas.
Lussaut.

Mandonnet.
Manessier.
Marillier. 1779.
Martinet.
Mathey.
Maugein (M^e).
Mauriset.
Maurisset (J. C.).
Mercadier (J.).
Merché (J. C. D.), à Lille, 1786.
Messager.
Micaud.
Michel (J.), de Genève, à Arles, 1727; à Avignon, 1730, 1732.
Moitte.
Monchi (de).
Monet (C.), 1776.
Monier, 1768.
Monnier.
Montulay (François), 1754.
Moreau le jeune (J. N.), 1768, 1770, 1777.
Moulinneuf.

Moyreau (Mme).

Noblin.
Nonot.
Nonot (Charlotte).
Nicole, à Nancy, 1725, 1743, 1745, 1747, 1748, 1751, 1753, 1762, 1767.
Nicole fils, à Nancy, 1754, 1755.
Nion.

Oblin, à Paris.
Ollivault, à Rennes; à Paris, 1788.

Pallière.
Papillon, 1764.
Pariset.
Phelippeau (C.).
Picart (B.), 1722, 1731.
Picault (P.), à Blois.
Pierre.
Pinot fils.
Poilly (J. B. de).
Poisson, 1787.

Ramel.
Roy (Cl.), grav. sur tous métaux, 1765.
Robin.
Roger.

S *** (V. de) (Semeuze).
Saint-Aubin (Aug.).
Scotin (Gérard), l'aîné, à Paris, 1715.
Scotin (J. B.).
Sergent, à Chartres.
Semeuze (V. de), 1763.
Seraucourt.
Sicard.
Simon (H.).
Sornique.
Striedbeck (J.), à Strasbourg.

Tardieu (P. F.).
Tardieu fils.
Tardieu (Lse Duv.).
Tardiveau, à Rennes, 1767.
Tasnière (G.).
Thansis.
Théry (A.), à Cisoing, 1746.
Thevenard (M.).
Thibaut.
Traiteur (J.), 1771, 1772.
Tubert.

Vacheron, à Douai, 1769.
Vallet, 1721.
Van Merlen (T. J.).
Varin, 1774.
Veyrier, 1751, 1752, 1759.
Villiez.
Viotte, graveur de la monnaie royale.
Voysard.

Wallaert.
Waffet.
Wille fils, 1766.

XIXe SIÈCLE

Alès, 1868.
Ancelet (E.).

B. (Bracquemond).
Barbat, à Châlons.
Belille, à Verdun.
Bida.
Boullay (J.).
Bouvenne (Aglaüs), 1868, 1870, 1871.
Burdet.

Catenacci (H.).
Cheffer (A.).
Chenay (Paul).

Delauney.
Descaves (A.).
Desnoyers.
Dufour-Bouquot.
Durand, à Lyon.
Duseigneur (A.).

Flameng (Léop.).

Gavarni.
Gozo (Gozora).
Gustave.

Hamel.

Judée.

Lefèvre.
Lizars.

Loizelet.
Luc.

Maingourd (E.).
Monnier (L.).

Oblin.
O. de R. (Octave de Rochebrune), 1867, 1869.

Palaiseau (M.), 1835.
Pegard (J.).
Perry (F.).
Pollet.
Potémont (Martial).
Potier (J.).

Riboulet-Goby.
Richomme (T.).
Rochebrune (O. de), 1873.
Roch. (O. de) (Octave de Rochebrune), 1871.
R. (O. de) (Octave de Rochebrune), 1867, 1868, 1869.
Rouargue.
Royer (Emile).

Stern, à Paris.

Thiéry (E.).

Varin (P. A.).
Veran (J. M.).
Vidal (J.), à Bordeaux.

FIN.

TABLE

QUELQUES EX-LIBRIS SINGULIERS

EX-LIBRIS DESSINÉS OU GRAVÉS PAR LES PETITS MAITRES DU XVIIIe SIÈCLE

LISTE GÉNÉRALE DES DESSINATEURS ET DES GRAVEURS QUI ONT SIGNÉ DES EX-LIBRIS FRANÇAIS

Paris. — Typographie Motteroz, rue du Dragon, 31.

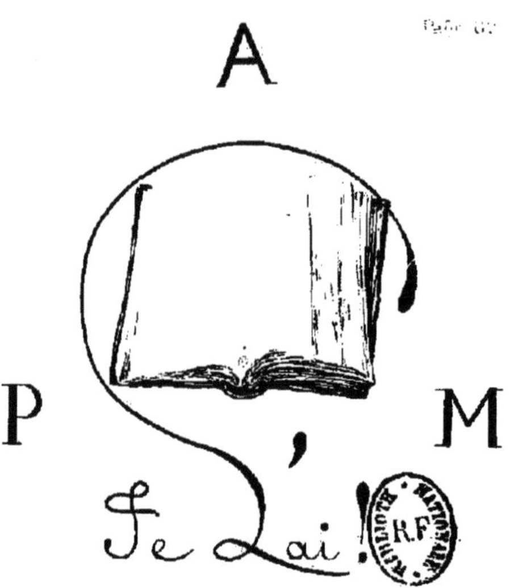
A
P
M
Je Lai!

PLACEMENT DES PLANCHES

Les planches nos 9, 14, 15, 16, 17 et 24 sont des originaux.

Paris — Typ. Motteroz, 31, rue du Dragon.

www.ingramcontent.com/pod-product-compliance
Ingram Content Group UK Ltd.
Pitfield, Milton Keynes, MK11 3LW, UK
UKHW020352230726
13925UKWH00003B/1084

9 782019 135935